Der Lenormandkarten-Lehrgang

Basiskurs I und II

Band 1

Dieses Buch ist all den Personen meines Vertrauens und meines Herzens gewidmet, die mich von der Idee bis zur Vollendung dieses Buches begleitet und unterstützt haben. Ein ganz großes Dankeschön für Rat und Tat gilt dabei meiner geliebten Mutter und meiner Freundin sowie Mentorin Melanie Esch. Das Leben selbst bot mir ebenfalls so manche Triebfeder – was für ein Geschenk!

Danke auch an alle meine Schüler und Lehrer, die mich dazu inspiriert haben dieses Buch zu schreiben und mich auf den Weg brachten, den ich heute gehen darf.

Kathleen Bergmann

Der Lenormandkarten-Lehrgang

Basiskurs I und II

Kartendeutung mit Lenormand professionell lernen

Band 1

Shaker Media

Bibliografische Information der Deutschen Bibliothek
Die Deutsche Bibliothek verzeichnet diese Publikation in der Deutschen Nationalbibliografie; detaillierte bibliografische Daten sind im Internet unter http://dnb.ddb.de abrufbar.

Hinweis: Der Inhalt dieses Buches ist nicht dazu gedacht medizinischen Rat zu ersetzen. Konsultieren Sie bei gesundheitlichen Fragen bitte einen Arzt oder Heilpraktiker.
Des Weiteren übernimmt weder die Autorin noch der Verlag eine Haftung für Personen -, Sach- und Vermögensschäden. Der Nutzer des Buches handelt bei der Anwendung sämtlicher in diesem Buch beinhalteter Orakelmethoden eigenverantwortlich.

Die männliche Leserschaft möge mir bitte nicht verübeln, dass der Einfachheit wegen in diesem Buch ausschließlich von „Kartendeuterin“ die Rede ist.

Printed in Germany

ISBN 978-3-86858-470-7

Shaker Media GmbH · Postfach 101818 · 52018 Aachen
Telefon 02407/95964-0 · Telefax 02407/9564-9
Internet: www.shaker-media.de · E-Mail: info@shaker-media.de

Inhalt

Vorwort

Einführung in die Welt des Lenormand

Auch ein Weg mit Tausend Meilen beginnt immer mit dem ersten Schritt!

Ziel des Lenormandkarten-Lehrganges ist es, Sie in das große Geheimnis des Kartenlegens einzuweihen. Dieses Praxisbuch zeigt Ihnen den richtigen Weg zu einer treffsicheren und eigenständigen Deutung. Sie werden sich auf eine bedeutsame Reise in die mystische Welt des Lenormandorakels begeben. Genaue Landkarten und deutliche Wegweiser werden Ihnen in diesem Buch leicht verständlich die Richtung weisen. Um einen sicheren Einstieg zu finden und Ihnen die „Expedition" durch die Lerngebiete so einfach wie möglich zu gestalten, erlangen Sie das geheimnisvolle Wissen des Lenormand am besten in kleineren Etappen. Mit jedem neuen Meilenstein bekommen Sie einen besseren Blick auf die weiten Felder der Kartenlegung und lernen die besonderen Flecken der Symbollandschaft kennen.

Bereits die **Basiskurse I und II** des Lenormandkarten–Lehrganges werden Sie mit einem einzigartigen und wertvollen Schatz an Kenntnissen über das Handwerk der Kartenlegekunst bereichern. So werden Sie mit etwas Übung und Geduld bald selbst Türen öffnen, die Sie im Reich des Lenormandorakels verborgene Botschaften entdecken und deuten lassen.
Vom Erstkontakt mit den Karten bis hin zum Deutungsverständnis der Legungen erfahren Sie viele nützliche Tipps sowie Hintergrundinformationen, welche ich als Lebensberaterin in eigener Praxis gesammelt habe. Sie werden so manche Deutungsweise kennen lernen, die es nirgendwo anders zu finden gibt. Mit Hilfe praktischer und schrittweiser Erklärungen ebnet sich für Sie der Weg zum treffsicheren Lesen der Karten von der kleinen Legung bis hin zur sogenannten großen Tafel, welche in einem weiteren Band (Aufbaukurs, Band 3) ausführlich besprochen wird.

Sie fragen sich gewiss, ob jeder Mensch so ohne weiteres die Fähigkeit besitzt, Karten zu lesen. Braucht es dafür nicht etwa ähnliche Begabungen wie im Bereich der Kunst oder der Wissenschaft?

Natürlich ist es immer segensreich mit einem Naturtalent ausgestattet zu sein. Allerdings wird es kaum jemandem in die Wiege gelegt, gänzlich ohne Anleitung die Sprache der Karten zu verstehen. Wenn Sie Neueinsteiger auf dem Gebiet der Kartomantie sind, ist es völlig normal ganz am Anfang erst mal nur „böhmische Dörfer" zu sehen. Wie jede Fertigkeit, die man in einer guten Ausbildung erlernt, geht auch das Kartendeuten nicht von heute auf morgen. Es bedarf Zeit und Hingabe sowie auf anderen Lerngebieten. Die „Logik" der Karten erschließt sich erst nach und nach. Selbst derjenige, der den Sinn fürs Übersinnliche geerbt hat, muss etwas über die Karten lernen, weiter üben und seine intuitiven Fertigkeiten wie einen Diamanten schleifen. Wer sich zum Kartendeuten zwar berufen fühlt, aber nicht auf Anhieb den Draht zu den Karten findet, kann sich entweder einen kompetenten Lehrer oder ein gutes Lehrbuch suchen, um die Symbolsprache der Karten verstehen und übersetzen zu lernen. Wir alle verfügen über eine mehr oder weniger stark ausgeprägte Intuition. Je bereitwilliger wir sie mit einem Selbstverständnis annehmen und uns trauen mit ihr zu arbeiten, umso leichter finden wir den Zugang zu der mystischen Welt der Karten. Denn über ein intuitives Verständnis sind manche Konstellationen im Kartenbild sogar selbsterklärend. Vor allem lässt sich die Wahrnehmung für die passende Bedeutung der Bilder im Laufe der Zeit hervorragend trainieren. Solange Sie an sich und die Aussagekraft der Karten glauben, werden Sie jeden Tag neue Fortschritte machen. Mit jedem Blatt, das Sie auslegen, bekommen Sie einen schärferen Blick für die verborgenen Botschaften. Insbesondere die gesammelte Erfahrung wird Ihre Interpretationen immer sicherer und präziser machen. Sie brauchen nicht perfekt werden, sondern nur authentisch zu bleiben. Lassen Sie zu, dass Sie im Begriff sind zu lernen und wie im Leben auch, an jedem Erlebnis und jedem Feedback wachsen.

Basiskurs I beinhaltet das Fundament des Kartenlegens – die ausführlich beschriebenen Einzelbedeutungen der 36 Karten. Dieser erste Teil des Lenormandkarten-Lehrganges fokussiert sich mit den Einzelportraits auf die Theorie der Kartenschule als unentbehrliche Grundlage. Die lebendige und anschauliche Gestaltung sowie ein Blick auf die symbolischen Hintergründe soll Ihnen das Studieren erleichtern. Je intensiver Sie sich mit dem Basiswissen beschäftigen, desto besser werden Sie später in die Praxis einsteigen können.

Wie in der Natur auch, müssen zunächst die Wurzeln ausschlagen, bevor die ersten Blüten treiben und die Pflanze Früchte trägt. Hiermit erhalten Sie das reichhaltige Wissen zur Aussaat, aus welcher Sie später einen ganzen Rosengarten an Deutungsblüten ziehen können!

Erst wenn Sie sich intensiv mit der Bildersprache vertraut gemacht haben, bekommen Sie den richtigen Zugang zu den Karten und ihren vielschichtigen Bedeutungen. Manche davon lassen sich bereits auf den ersten Blick erkennen wie beim Symbol Herz. Jeder, der es sieht, ahnt sofort, dass es das Thema Liebe versinnbildlicht. Wiederum sind andere Bedeutungen nicht auf Anhieb so gut greifbar. So würde man kaum vermuten, dass die Karte der Fische für die Finanzen steht sowie die Lilien unter anderem für den Bereich der Sexualität. Die geschichtliche Herkunft vieler Symbole erklärt, wie es zu diesen Zuordnungen kam. Dafür werde ich Sie auf eine kleine Zeitreise ins 18. und 19. Jahrhundert mitnehmen, als die Lenormandkarten entstanden. Damals gehörten beispielsweise Reiter als Boten und Sensen als Werkzeuge zum Alltag. Ausgehend von einem eher konservativ herrschenden und christlich geprägten Zeitgeist finden sich zudem immer wieder biblische Erkennungszeichen wie das Kreuz im Lenormand. Durch den historischen Streifzug entwickelt sich ein viel besseres Verständnis für den tiefer gehenden Sinngehalt der Symbolik. Zu jeder Karte gehören neben einer ausführlichen Beschreibung ihrer herkömmlichen Bedeutungen auch die modernen Deutungsaspekte. Der Turm verdeutlicht dies als Beispiel sehr gut. Nach traditionellen Gesichtspunkten steht er für Isolation, Obrigkeit und Einschränkung. In der moderneren Sichtweise kann er auch stellvertretend für ein Unternehmen oder selbständige Tätigkeitsbereiche stehen. Um den Symbolgehalt der Karten noch stärker auf unser Alltagsgeschehen und die darin vorkommenden Lebensfragen wie Liebe, Beruf, Familie, Finanzen und persönliches Wachstum zu beziehen, wurden basierend auf meinen Erfahrungswerten viele weitere Bedeutungsvarianten hinzugefügt, welche sich in anderen Quellen kaum wiederfinden. Das Spektrum an Deutungsmöglichkeiten wird dadurch ein großes Stück weiter aufgefächert! Mit dieser neu gewonnenen Vielfalt lassen sich aus jeder Kombination und Legung noch genauere und reichhaltigere Informationen schöpfen.

So entstehen aus Bedeutungen Deutungen

Basiskurs II führt Sie in die Praxis des Kartenlegens ein. Darin lernen Sie mit den Symbolen zu arbeiten. Sie erfahren unter anderem, welche Zeit- und Personenkarten es gibt und welche Besonderheiten jede Karte hat. Die klar strukturierte Übersicht hilft Ihnen sich schnell zurechtzufinden und die Eigenarten sowie verschiedene Betrachtungsweisen der Karten gut kennenzulernen. Mit dem Kombinationstraining gelangen Sie direkt zum praktischen Teil des Kurses. Im nächsten Schritt lernen Sie kleine Legungen selbst zu analysieren. Des Weiteren wird Ihnen anhand praxisbezogener Erklärungen und Hilfestellungen gezeigt, wie Sie das Kartenlegen in Ihren Alltag mit einbeziehen können.

Eine effektive Deutung basiert auf der Fähigkeit die symbolische Bedeutung zweier oder mehrerer Karten miteinander in Einklang zu bringen. Ganz gleich wie klein oder groß die Legung ausfällt, die Hauptarbeit besteht immer darin, die Aussage einer Karte mit der der Nachbarkarten sinnreich zu verbinden. Es ist grundsätzlich davon auszugehen, dass es nicht nur eine passende Interpretationsmöglichkeit für die jeweilige Kombination gibt, sondern mehrere. Die Kunst des Kartenlegens besteht darin, aus den möglichen Deutungsvarianten *die eine* herauszufiltern, welche mit der befragten Situation am besten korrespondiert. Auf diese Weise erlangen Sie eine zutreffende Aussage.

Eingebettet in die Geschichte und Deutung der jeweiligen Karten finden Sie deren einzuprägende **Schlüsselwörter** fett hervorgehoben und noch mal übersichtlich zusammengefasst unter jeder Einzelbeschreibung der Karte. Die Schlüsselwörter werden Ihnen helfen die passende Aussage zu finden, da diese Begriffe als Anhaltspunkte und Ausgangsbasis jeder Deutung dienen.

Nehmen wir für eine Kombination als Beispiel Haus und Störche.

Die Kombination der *Schlüsselwörter* ergibt folgende Deutungsvarianten:

- ein Umzug (Haus/Wohnung + Veränderung) oder eine Renovierung
- Familiengründung (Familie + Veränderung)
- eine Planänderung (Konzept/Plan + Flexibilität/Abwandlung)
- Freizeit mit der Familie verbringen (Familie + Freizeit)
- oder ganz allgemein gesagt eine Veränderung im häuslichen/familiären Umfeld

Dabei sehen Sie am Anfang stehend eine sehr detaillierte Aussage und am Ende eine eher allgemein gehaltene Deutung. Es kommt immer auf den Einzelfall und vor allem die Fragestellung an, welche Deutungsvariante angemessen ist. Je präziser die Frage auf eine bestimmte Lebenssituation abzielt, desto genauer kann die Aussage getroffen werden. Dieses Beispiel hat Ihnen sicherlich gezeigt wie variationsreich und individuell abgestimmt die Karten sind, je nachdem in welchem Kontext sie zu liegen kommen. Weitere Deutungsmöglichkeiten könnten natürlich auch dieser Kostprobe hinzugefügt werden.

Praxistipp: Am Anfang ist es eine gute Lernhilfe und Gedächtnisstütze die Schlüsselwörter auf kleinen Aufklebern zu notieren und diese über dem Symbol auf der Karte anzubringen!

➷ Sie haben bereits erfahren, dass die Karten eine unglaublich große Schöpfung bereithalten, welche sich aus der jeweiligen Symbolik entfaltet. Lassen Sie sich inspirieren durch die Sprache der Bilder! Beziehen Sie dafür vor allen Dingen Ihre eigene Wahrnehmung mit ein. Am besten und treffsichersten können Sie später mit den Karten arbeiten, wenn Sie erlerntes Wissen mit intuitiver Auffassung verbinden.

Basiskurs II ist nach einem sehr praxisorientierten Konzept aufgebaut und vermittelt dadurch direkt und schnell anwendbares Wissen. Schon mit der gründlichen Bearbeitung der zahlreichen Kombinationsübungen, die auf dem Basiswissen des ersten Teils beruhen, erschaffen Sie sich eine optimale Grundlage, um anschließend selbständig weiterzuarbeiten. Da beinahe jede Karte kleinere und größere Besonderheiten aufweist, werden Ihnen diese im Basiskurs II übersichtlich und sehr detailliert aufgeschlüsselt. Sie finden hier spezielle Unterscheidungsweisen - oft thematisch nach Liebe und Beruf gegliedert - die ich zum großen Teil aus meinem persönlichen Erfahrungsschatz preisgebe. Darauf aufbauend können Sie wiederum neue Varianten in Ihrer eigenen Erfahrungsschatzkiste sammeln. Der zweite Teil stellt unter anderem ein einzigartiges Legesystem vor, mit welchem Sie auf fast alle Lebensfragen eine konkrete Antwort finden können. Das Besondere an dieser kleinen Universallegung ist die flexible Möglichkeit, diese Legemethode durch ergänzende Karten weiter aufzufächern und dadurch noch tiefergehende Aussagen zu erhalten.
In diesem Kurs wurde bewusst auf die große Legung mit allen Karten verzichtet, weil gerade für Anfänger der Einstieg über kleine Legungen zu empfehlen ist, um ein sicheres Gespür für die oft recht komplexen Deutungen zu bekommen. Die große Tafel wird ausgiebig in einem weiteren Kurs besprochen.
Mit der Unterstützung dieses Praxisteils setzen Sie die ersten großen Meilensteine auf Ihrem Weg. Wenn Sie ihn nach Abschluss des ersten Lenormandkarten-Lehrgangs alleine weiter gehen, sind Sie selbst Ihr größter Lehrer und das Leben Ihr größter Meister.

Wünschen Sie sich für Ihr Vorankommen eine weitere Begleitung, ist der ***Deutungstrainer*** (2. Band des Lenormandkarten-Lehrganges) zu empfehlen, der als Übungsbuch zur Intensivierung des Erlernten dient und viele interessante Ergänzungen zu den kleinen Legungen beinhaltet. Außerdem wird im Winter 2010 auch der ***Aufbaukurs*** (3. Band des Lenormandkarten-Lehrganges) mit der umfangreichen und präzise angeleiteten Deutung der großen Tafel erscheinen.

Doch nun zum „Startpaket“ für Ihren Lenormandkarten-Lehrgang.

Das richtige Kartendeck

Bevor Sie beginnen, brauchen Sie natürlich das für Sie passende Kartendeck. Es gibt zahlreiche unterschiedliche Ausführungen, die zwar alle dieselbe Symbolik tragen, jedoch vom künstlerischen und zeitgenössischen Ausdruck stark variieren. Mal ist ein Set sehr schlicht gehalten, oft wird auch wirklich nur das Symbol ohne Szenerie selbst dargestellt. Bei einem anderen verspielt gestalteten Deck muss man sogar etwas genauer hinsehen, um das Symbol zu entdecken. Natürlich liegt es an Ihnen, welches Set persönlich am meisten zusagt, da Sie beim Lernen eine intuitive Resonanz auf die Bilder entwickeln sollen. Ich würde für den Anfang immer eines empfehlen, welches das Symbol klar in den Vordergrund stellt. Damit wird man nicht von anderen Details auf dem Bild abgelenkt und kann sich besser auf das Wesentliche der Symbolik konzentrieren.

Mit der Zeit, wenn man im Kartenlegen gut trainiert ist, beginnt man neue Decks auszuprobieren und arbeitet nach Lust und Laune mal mit dem einen oder dem anderen. Anfänglich sollte man jedoch bei einem bleiben, weil die Umstimmung auf ein anderes oft nicht so leicht funktioniert. Farben, Darstellung, Hervorhebungen und vor allem die Blickrichtungen mancher Symbole variieren oft so stark, so dass man bei einem anderen, noch ungewohnten Deck oft eine Weile braucht, um sich damit anzufreunden und genauso gut alles im Blick zu haben wie mit seinen gewohnten Lieblingskarten. Legen Sie schon etwas länger, sollten Sie immer ein zweites oder drittes Set bereit halten. Gegebenenfalls können damit einzelne Themen oder Fragen noch mal gesondert abgeklärt werden, ohne dass die erste Legung dabei geschlossen wird. Mit dieser nützlichen Arbeitsweise können Sie Einzellegungen miteinander abgleichen und das Gesamtbild dabei gut im Auge behalten.[1]

---

[1] Die kleinen Abbildungen der Skatkarten auf manchen Lenormand-Decks, wie der in diesem Buch verwendeten „Blauen Eule“, haben keinen besonderen Einfluss auf die Bedeutung und Deutung der Lenormand-Karten. Es ist jedem freigestellt sie in seine persönliche Interpretationsweise einzubeziehen.

Die Karten neutralisieren

Sie können Ihre eigenen Karten von Zeit zu Zeit energetisch reinigen oder neutralisieren. Wenn Sie feststellen, dass die Karten sich immer zäher mischen lassen, Sie für schwierige Situationen oder für schwierige Personen gelegt haben oder Sie eine Weile viel mit einem bestimmten Deck gearbeitet haben, empfiehlt sich ein kleines Reinigungsritual. Dieses kann ganz unterschiedlich ausfallen, je nachdem wie es Ihnen am besten gefällt. Menschen, die Energie- oder Engelarbeit machen, können mit dieser Unterstützung Ihre Karten reinigen. Wer an die Kraft des Mondes glaubt, kann den Vollmond nutzen, um die Karten zu neutralisieren. Auch andere positive spirituelle Kräfte können einer Reinigung der Karten dienlich sein. Sie wissen selbst, woran Sie am meisten glauben.

Ein einfaches und schnelles Ritual besteht darin, die Karten der Reihe nach auf sechs Blöcke aufzuteilen. Die erste Karte kommt an die Position 1, die zweite an Position 2 usw. bis Position 6. Dann fangen Sie wieder an die 7. Karte auf die Position 1 zu legen und setzen das solange fort bis Sie sechs volle Stapel vor sich liegen haben. Die nehmen Sie dann von Platz 6 bis Platz 1 wieder nacheinander auf. Diese Reinigung der Karten geht schnell, und man kann sie immer wieder zwischendrin anwenden, um festgesetzte Energien zu entbinden und die Karten damit zu neutralisieren. Wussten Sie, dass da wo starke Energiefelder sind, Tiere sich besonders gerne aufhalten? Bei Katzen ist dieses Verhalten außergewöhnlich stark zu beobachten. Sie kommen immer in die Nähe einer Kartenlegung und legen sich sogar darauf. Daran erkennt man, wie viel Schwingung von uns Menschen in den Karten steckt, weil wir viele bewusste und unbewusste Kräfte aussenden.

➷ Arbeiten Sie nicht mit den Karten einer anderen Person und geben Sie die Ihren zum Legen nicht aus der Hand! Die persönlichen Energien sind so mit dem eigenen Deck verschmolzen, dass es beinahe zum Störfeld werden kann, wenn eine andere selbst noch so vertraute Person damit hantiert. Mit einem Deck, das nicht das Eigene ist, lässt es sich nicht sauber arbeiten. Es kann das Kartenbild sogar verfremden, weil jeder zu den Karten eine andere energetische Verbindung hat. Kaufen Sie deshalb auch keine gebrauchten Decks außer zu Sammlerzwecken.

Die Karten richtig mischen

Als Anfänger möchten Sie vielleicht darüber Bescheid wissen, wie man die Karten richtig mischt. Die Karten werden niemals wie in Kindertagen auf der Oberfläche wild durcheinander gewirbelt, sondern immer nur im Stapel mit Hilfe von beiden Händen gemischt. Sie behalten außerdem am besten beide Füße während des Mischens auf dem Boden und überkreuzen sie nicht. Gleiches sollten Sie zur Einleitung des Kartenmischens auch jedem Ratsuchenden empfehlen. Eine offene, mit dem Boden verankerte Haltung ist wichtig, um den Energieaustausch zwischen Ihnen und dem Fragenden zu gewährleisten. Auch sollten Karten nicht im Liegen gemischt werden. Mischen sie stets ausgiebig um die Spuren der vorherigen Legung zu verwischen. Einzelne Karten, die während des Mischens herausfallen, sollten immer beachtet werden. Sie haben Signalwirkung, weil sie uns eine wichtige Mitteilung machen wollen. Mischen Sie einfach so lange bis Ihr Gegenüber den Zeitpunkt bestimmt, wann es gut ist aufzuhören, und lassen Sie sich von ihm aus dem Bauch heraus ein „Stop" geben. Sind Sie ein sehr feinfühliger Mensch, dann können Sie auch selbst spüren, wann es richtig ist zu stoppen. Sie merken einen inneren Impuls, der Sie automatisch mit dem Mischen aufhören lässt. Genauso funktioniert es auch, wenn Sie für sich selbst legen.

Vom gründlichen Mischen der Karten geht alles aus. Währenddessen können sich leicht unsere Ängste, Hoffnungen und Gedanken in die Karten im wahrsten Sinne des Wortes „einmischen"! Um dies zu vermeiden, sollte dabei nicht an eine konkrete Situation oder einen bestimmten Gefühlszustand gedacht werden. An eine Person, nach der speziell gefragt wird, darf natürlich gedacht werden, aber immer neutral. Das heißt der Fragende stellt sich diese Person einfach bildlich vor ohne sie in irgendein Szenario (z.B. den letzten Streit, den letzten Kuss) einzubinden. Auch wenn Sie für sich selbst fragen, sollten Sie keine bestimmte Vorstellung oder Erinnerungen aus Ihrem Leben hervorrufen. Dies kann eine suggestive Wirkung auf die Legung erzeugen, indem sich Ihre Emotionen und Gedanken, die sie beim Mischen mit den Bildern verbinden, unbewusst auf das Kartenbild übertragen. Somit ist das gelegte Bild keine Spiegelung Ihres unbewussten Wissens mehr, sondern lediglich ein Abbild Ihrer bewussten Wünsche oder Befürchtungen!

Praxistipp: Was gut hilft um während des Mischens „neutral" zu bleiben, ist z.B. die Vorstellung einer großen Wiese, eines Strandspazierganges oder den Ausblick auf einen ruhigen See. Auf jeden Fall ein Bild, das für Sie angenehm und erbaulich ist - keine Orte, die Sie mit aufwühlenden Erinnerungen oder aufregenden Ereignissen verbinden. So gehen Sie ganz sicher, dass sich keine konkreten Gedankenbilder mit den Karten vermischen. Gleichzeitig finden Sie auch besser zur Ruhe. Um Ihre Konzentration zu stärken, ist ein energetisierter Gegenstand hilfreich, z.B. ein Rosenquarz, ein Anhänger oder ein Engelchen, welches Sie in die Mitte der Stelle legen, wo anschließend Ihre Karten aufgelegt werden. So haben Sie beim Mischen etwas im Fokus, was Sie stark mit Ihrer seelischen Kraft verbinden und neutralisieren dadurch aufkommende Gedanken rund ums Anliegen (übrigens auch die eines Ratsuchenden).

Ein guter Rat

Formulieren Sie während des Mischens Ihre Frage. Die Frage sollte nicht so gestellt sein, dass sie mit Ja oder Nein beantwortet werden kann. Es sollte eine offene Frage sein, also „was", „wie", „warum" usw. Wenn Sie allgemein etwas erfahren wollen, fragen Sie am besten „ Wie geht es wirklich und wahrhaftig in meinem Leben weiter?". Fragen Sie nach einem Mann, könnte die Frage so aussehen „ Wie entwickelt sich die Beziehung zwischen mir und X?". Bei einer speziellen kleineren Legung fragen Sie am besten so genau wie möglich nach der konkreten Sache oder dem Ereignis „Wie entwickelt sich meine neue Tätigkeit?" oder „Was erwartet mich beim Gespräch mit Person X?".

Mit einer geschlossenen Frage („Ja oder Nein") schränken Sie die Möglichkeiten der Antworten zu stark ein. Bei einer offenen Frage ergibt sich ein wesentlich höherer Aussagegehalt, aus dem Sie deutlich mehr erfahren und ergründen können! Mit einer offenen Sicht auf die Dinge sehen Sie mehr, als wenn Sie sich auf eine „Schwarz oder Weiß" - Antwort beschränken. Das Leben ist eben so bunt und vielseitig, dass wir es nicht von einer einzigen Vorstellung abhängig machen sollten.

Oft finden wir zum richtigen Weg, weil der Falsche, für den wir uns entscheiden wollten, gerade versperrt war!

Wenn sich etwas anders darstellt als erwartet, bekommen Sie dafür - auch durch die Sicht der Karten - Alternativen geboten. Machen Sie sich außerdem bewusst, dass Sie Ihren Weg immer selbst wählen! Das Ergebnis ist stets von zahlreichen, miteinander verknüpften Entscheidungen abhängig, die sie selbst treffen und selbst verantworten. Es gibt kein Dogma, das einen einzigen richtigen Weg mit nur einem einzigen Ziel für Sie bestimmt. **Sie gestalten den zukünftigen Ausgang selbst mit** durch jede Handlung in der Gegenwart.

↳ Ein Kartenbild ist etwas Variables, weil es sich dem aktuellen Stand der Dinge und dem Zeitgeschehen anpasst! In den Karten steht also kein exakt vorgezeichneter Weg. Durch unser Handeln und unsere Selbstbestimmtheit gibt es immer eine freie Wahl des eigenen Weges. Aus diesem Grund sind die Karten kein Navigationssystem, das sie automatisch zum Ziel führt oder sie zwingt eine bestimmte Richtung zu gehen. Sie sind selbst der Kapitän Ihres Lebens und bestimmen auch selbst wie lange Sie in eine bestimmte Richtung steuern wollen oder wann es an der Zeit ist Ihren Kurs zu ändern.

Diesen Leitgedanken sollten Sie sich selbst und dem Ratsuchenden stets verdeutlichen. **Die Karten dienen der Aufschlüsselung bestimmter Situationen, der Beleuchtung gewisser Hintergründe und der Erhellung ungewisser Umstände; sie zeigen das an, was *am wahrscheinlichsten* geschehen wird.** Sie können aber nur Möglichkeiten anbieten, denn ein erkennbares Jobangebot kann abgelehnt und die Chance eine brüchige Beziehung zu retten, kann vertan werden. Meistens bestätigen und bestärken Sie mit Ihren Aussagen als lebensberatende Kartendeuterin auch das intuitive Gefühl des Fragenden.

Gleichwohl sind die Botschaften der Karten nicht das Maß aller Dinge. Was im Verborgenen bleibt, ist immer ein *Faktor X* - ein Rätsel, das wir nicht lösen können oder eine Frage, auf die wir keine Antwort finden. Schicksal und Karma sind ein Geheimnis, das sich nur durch das Leben selbst ergründen lässt. Die Karten zeigen davon nur einen ganz kleinen, wenn auch bedeutsamen Ausschnitt. Sie nehmen weder Entscheidungen noch Eigenverantwortung ab - genauso wenig wie Sie das als Beratende tun können! Mit zu bedenken bleibt auch, dass wir in unserer Deutung nicht unfehlbar sind, und es durchaus menschlich ist, sich in einer Aussage geirrt zu haben, auch wenn Sie stets nach bestem Wissen und Gewissen eine Deutung vornehmen. Gerade auf Grund des nicht ausschließbaren Risikos mit einer Interpretation falsch zu liegen sind die Aussagen der Karten nicht der Weisheit letzter Schluss, sondern als guter Wegweiser und wertvoller Ratgeber gedacht. [2]

Finden Sie neben den Ratschlägen, Erklärungen und Anleitungen, die Sie in meinen Kursen erhalten, auch Ihre eigenen Deutungswege und Legearten! Seien Sie dabei ruhig kreativ, denn ein Kartenblatt ist stets wandelbar und es gibt genügend Spielraum für ganz eigene Interpretationen und Herangehensweisen. Sollte Sie ein Vorschlag aus diesem Buch nicht zur Umsetzung animieren oder sich in Ihrer Arbeit mit den Karten nicht bewähren, dann ist dies völlig in Ordnung. Mir ging es während meiner Lehrzeit mit den Karten so, dass ich manche Dinge mit Begeisterung integrieren konnte und auf Anhieb gut damit zurecht kam, manch eine erlernte Technik oder Deutungsweise hingegen „gehörte irgendwie nicht zu mir“ und fügte sich beim Lesen der Karten nicht ein. Es bewährt sich mit der Zeit immer das, was zu einem passt, und ich freue mich sehr darüber, wenn sich meine Deutungspraktiken in Ihrem persönlichen Interpretationsstil wiederfinden.

Möge Ihnen dieses Buch ein guter und hilfreicher Begleiter auf Ihrer Reise durch die mystische Welt der Lenormandkarten sein!

---

[2] Anmerkung: Es wurde in diesem Kurs weitestgehend auf Deutungsangaben rund um das Thema Gesundheit verzichtet, da ein Kartenblatt dazu keine ausreichenden Angaben machen kann und hierzu nur Arzt und Heilpraktiker zu Rate gezogen werden sollten.

Die spannende Geschichte der Madame Lenormand – Herkunft der Karten

Die Lenormandkarten gehen auf die berühmte Grande Dame der Kartelegekunst Madame Lenormand zurück, die im Frankreich des 18. und 19. Jahrhunderts durch ihre gewagten und äußerst treffsicheren Vorhersagen im ganzen Land für Furore sorgte und sich damit über ihren Tod hinaus einen ehrenvollen Namen im Bereich der Kartomantie und des Wahrsagens machte.

Über ihr Leben findet man etliche Informationen, wobei aber viele umstritten oder sogar widersprüchlich sind. Seit der deutschen Veröffentlichung ihrer Biografie von 2006, die auf zeitgenössischen Dokumenten beruht, konnten einige Legenden und offene Fragen weitestgehend aufgeklärt und die Grundzüge ihres Lebens authentisch rekonstruiert werden.

Marie Anne Adelaide Le Normand wurde am 27.Mai 1772 in Alencon, Frankreich als Tochter eines wohlhabenden Tuchhändlers geboren. Schon früh fiel sie ihren Mitmenschen durch ihr ungehorsames und wissbegieriges Wesen auf, das sich seinerzeit für ein Mädchen ihrer Herkunft nicht ziemte. Nachdem sie im Alter von sechs Jahren ihre Eltern verlor, besuchte sie auf Wunsch ihres Stiefvaters eine Klosterschule, in der sie begann ihren Mitschülerinnen aus der Hand zu lesen. Dort wurde sie bald für ihre sonderbaren Hexenhandwerke getadelt und mit 10 Jahren der Schule verwiesen, als die von ihr vorhergesagte Versetzung der Äbtissin tatsächlich eintraf.

Rebellisch wie sie war, ließ sie sich das Wahrsagen nicht verbieten und setzte es während ihrer Lehrzeit als Näherin im Geheimen fort. Als sie 1786 nach Paris ging, fand sie Kontakt zu einem jungen Mann, der sie die Astrologie und die Kabbala lehrte, welche sie später beide neben ihren anderen vorausschauenden Fähigkeiten für Prophezeiungen nutzte. Als sie in der Lotterie gewann, konnte sie sich eine langersehnte Reise nach London ermöglichen, wo sie weitere Deutungstechniken erlernte und den Zugang zum geheimen Wissen über Mystik und Alchemie fand. Sie blieb drei Jahre um sich weiter ausbilden zu lassen und beriet in dieser Zeit bereits viele Menschen, die vermehrt aus adligen Kreisen bis hin zum Königshof ihre Dienste in Anspruch nahmen. Es wurde berichtet, sie solle oft einen ganzen Tag damit zugebracht haben ein einziges Kartenblatt zu deuten. 1797 kehrte sie nach Paris zurück und bezog im noblen Stadtteil Saint-Germain eine Wohnung, die fortan zur Hochburg der geheimen Wahrsagekünste erklärt wurde. Klienten aus allen Bevölkerungsschichten suchten die Seherin dort auf, um sich von ihr die Zukunft deuten zu lassen, nachdem sich weit über Paris hinaus herumgesprochen hatte, dass sie über eine außergewöhnliche Gabe verfüge. Später gründete sie unter dem Deckmantel eines Buchhandels eine eigene Wahrsagepraxis und war von diesem Zeitpunkt an als die „Sybille der Salons" in weiten Kreisen bekannt. Neben Leuten der Wissenschaft, des Adels und der Politik war sie insbesondere die Beraterin von Josephine de Beauharnais, Ehefrau Napoleons und Kaiserin Frankreichs. Ob sie tatsächlich auch den Kaiser selbst beriet, ist nicht erwiesen, auch wenn davon noch heute so manche Anekdote erzählt wird. Zweifel am Wahrheitsgehalt dieses Bündnisses bestehen zu Recht, da sie von ihm höchstpersönlich wegen Hochverrats angeklagt und ins Gefängnis geworfen wurde. Sie hatte nämlich seiner Gattin geweissagt, dass er die Kirche dem Staat unterwerfen wolle, was Napoleon trotz seiner bestehenden Absichten nicht aus dem Munde dieser eigenwilligen und unheimlichen Frau hören wollte. Es war nicht das erste Mal, dass Md. Lenormand eingesperrt wurde. In den Zeiten ihres Schaffens wurde ständig versucht, ihr wegen hochbrisanter Aussagen, die manch einem missfielen, das Handwerk zu legen.

Jedes Mal fand sie dank ihrer weitgeflochtenen Kontakte zur angesehenen Gesellschaft schnell einen hochrangigen Protektor, der sie wieder auf freien Fuß setzte. 1793 prophezeite sie sogar den gewaltsamen Tod dreier Staatsmänner, darunter Robbespierre, der als äußerst rigider Politiker und Revolutionsanführer viele Köpfe rollen ließ und schließlich selbst hingerichtet wurde, womit seiner Schreckensherrschaft ein Ende gesetzt wurde. Wieder einmal hatten die Karten der Md. Lenormand recht behalten.

Da sie stets im Voraus wusste, was im Lande als nächstes Großereignis geschehen würde, lebte Md. Lenormand nicht nur gefährlich sondern vor allem auch immer ihrer Zeit voraus. So war es kaum verwunderlich, dass sie jedes Mal dem Zugriff der Staatsgewalt entkam und ihre Position und Einflussnahme weiterhin erhalten, ja sogar ausbauen konnte. Im Laufe ihres Lebens sammelte sie als selbständige Geschäftsfrau beträchtlichen Reichtum an, was für eine alleinstehende Dame zu jener Zeit höchst ungewöhnlich war. Trotz großer Bekanntheit und Bewunderung galt sie nicht gerade als sympathische Zeitgenossin. Ihr Aussehen wurde tatsächlich als äußerst ungepflegt, hässlich und ungesund beschrieben. Auch ihr Charakter soll sehr einnehmend, arrogant, misstrauisch und schroff gewesen sein, weswegen sie im Privaten gemieden wurde. Der Besitz von Ländereien, Bibliotheken und teuren Gemälden konnte sie nicht über ihre Einsamkeit und Verbitterung hinwegtrösten. Mit zunehmendem Alter zog sie sich zusammen mit ihrem Vertrauten und späteren Biografen immer stärker vom öffentlichen Leben auf ihrem Landsitz zurück, wo sie im Jahre 1843 im Alter von 71 Jahren an den Folgen einer Operation starb. Bedauerlicherweise erinnert heute an den Stationen ihres Schaffens kaum noch etwas an sie.

Woher kommen die Lenormandkarten wirklich?

Genau wie über das Leben der Md. Lenormand gibt es auch über die Herkunft der nach ihr benannten Karten wilde Spekulationen. Bis heute hält sich hartnäckig das Gerücht, die Lenormandkarten seien von ihr persönlich entworfen worden. Tatsächlich stammen die symbolträchtigen Karten von einem deutschen Verlag, der sich den Namen Lenormand im 19. Jahrhundert aus absatzfördernden Maßnahmen nur auslieh. Immerhin war der Name der Md. Lenormand zu jener Zeit durch ihren hohen Bekanntheitsgrad sehr werbewirksam. Heute dagegen sind Gesicht und Name von Promis auf Werbekampagnen Gang und Gäbe. Möglich ist, dass die Erfindung der bei uns bekannten und auch hier verwendeten kleinen Lenormandkarten auf die großen, weniger populären Lenormandkarten zurückgeht. Diese nämlich waren als Bildsymbolkarten schon zu Zeiten Md. Lenormands in Gebrauch, unterscheiden sich aber in Symbolik und Bedeutung gänzlich von den Kleinen. Die Seherin selbst soll überwiegend mit normalen Spiel- und Tarotkarten gearbeitet haben, die sie mit der Zeit abwandelte, indem sie auf ihnen selbst ausgedachte Symbole und Hieroglyphen anbrachte. Interessanterweise hat es die kleinen Lenormandkarten, wie wir sie in unserer Zeit gebrauchen, in Frankreich nie gegeben! Dort werden seit jeher andere Orakelkarten verwendet. Heute erwecken die meisten Lenormanddecks mit ihren altertümlich und nostalgisch anmutenden Motiven den Eindruck, auf eben solche alten Wurzeln zurückzugehen. Teilweise werden die alten Symbole bereits von zeitgemäßen Abbildungen abgelöst. Jedoch ist die Beschäftigung mit der traditionellen Symbolik von hohem Wert, um die wahren Einblicke in die Bedeutung der Karten zu bekommen, auch wenn diese sich nicht wie angenommen auf das 18. sondern erst auf das 19. Jahrhundert datieren lassen.

Vermutlich würde sich Madame Lenormand sehr geehrt fühlen, mit den nach ihr benannten und in der heutigen Zeit äußerst populären Orakelkarten wenigstens im Nachbarland Frankreichs verewigt worden zu sein![3]

---

[3]Quelle: Harald Jösten - Die Symbolwelt der Lenormandkarten, Königsfurt Urania Verlag

Basiskurs I

1. Beschreibung und Schlüsselwörter der einzelnen Karten

1 Reiter

Wer reitet um sich fortzubewegen,
wer reite, um sich körperliche Bewegung zu machen,
wer reitet, um einen Sport zu treiben - und es könnte auch ein anderer sein - weiß nichts von der Gewalt der Gänge,
weiß nichts von ihrer Magie,
weiß nichts von ihrem Geheimnis.
Rudolf Binding, deutscher Schriftsteller

Hoch zu Ross kündet der Reiter von **Neuigkeiten** oder zeigt **Aktivitäten** an. Allein von dieser Karte lässt sich noch nicht ableiten, ob die Nachrichten positiv oder negativ sein werden, die uns da ereilen. Doch der Bote bringt mit seinem Gepäck immer etwas mit sich, was aus den nachfolgenden Karten ersichtlich wird!

Der Reiter zeigt **Treffen** und **Kontakte**. In jedem Fall geschieht etwas Neues, sonst wäre der Herr wohl kaum von so weit des Weges hier her gekommen. Kaum etwas schreckt ihn zurück, mutig und entschlossen voran zu schreiten. Und gerade weil er so jugendlich, sportlich und dynamisch wirkt, kann er auch einen jüngeren Mann verkörpern. Bringt er *Lilien* oder *Blumen* als Karte mit, erwartet uns eine neue Bekanntschaft oder sogar eine amouröse Begegnung.

Wie man es dem Reiter schon ansieht, möchte er etwas bewegen, es buchstäblich in die Gänge bringen. Da wo er auftaucht, gibt es **neue Gelegenheiten** und **Chancen**, und wir können uns freuen, dass wieder Schwung in eine Sache

kommt. Manchmal steckt er mit seinem Lebensmut und Optimismus förmlich an, was bei seiner **Vitalität** kein Wunder ist.
Gerne zeigt dieser ambitionierte Mann **Ehrgeiz** und **Tatendrang**. Gerade weil er so aktiv ist, kann der Reiter auch die Art und Weise einer **Handlung** oder ein bestimmtes **Verhalten** signalisieren.
Reiter und *Wolken* können als Kombination für ein Missverständnis in der Kommunikation stehen. Läuft er direkt auf die Spitze der *Sense* zu, wird vor einer überstürzten, unbedachten Tat gewarnt.

Schlüsselworte: Neuigkeiten; Nachrichten; Kontakte; Chancen; Vitalität; jüngerer Mann; Aktivität und Verhaltenweise; Fahrzeug; Einsatz- und Risikobereitschaft, Ehrgeiz

Eigenschaften: aktiv, sportlich, flexibel, schnell, dynamisch, forsch, mutig, mobil, jugendlich

Besonderheit: Botenkarte, Kommunikationskarte, Karte mit ähnlichen Bedeutungsebenen, zeitangebende Karte

2 Klee

Vom Himmel kam geflogen eine Taube,
sie brachte ein Kleeblatt mit dreifachem Laube.
Sie ließ es fallen; glücklich wer es findet.
Drei Blättchen sind es:
Hoffnung - Liebe - Glaube!

Friedrich Rückert, deutscher Dichter

Als Grüngewächs von Mutter Natur in Schönheit und Grazie ein wenig vernachlässigt, tritt der Klee im Lenormand aus seinem botanischen Schattendasein hervor. Hier kommt er wieder in seine symbolische Rolle als Überbringer des Glücks. Ursprünglich nahm Eva, als sie aus dem Paradies vertrieben wurde als Andenken ein Kleeblatt mit, das ihr Glück und **Zuversicht** bringen sollte. Klein und bescheiden wie dieses Pflänzchen ist, verspricht der Klee uns nicht das große Los gezogen haben, mit welchem sämtliche Träume in Erfüllung gehen. Er möchte viel mehr auf das **kleine Glück** aufmerksam machen, welches manchmal auch nur am Wegrand in Form eines vierblättrigen Klees zu finden ist. Schlechte Karten werden durch den Klee oft abgemildert oder zeigen an, dass das Schlechte nur kurze Zeit andauert. Vermutlich weil die kleinen Glücksmomente oft nicht lange anhalten, steht der Klee auch für eine **kurze Dauer** und macht damit als eine der wenigen Karten im Lenormand eine zuverlässige Zeitangabe.

Natürlich kann dieses kleine Grün auch für Fröhlichkeit, **Humor** und ein heiteres Gemüt stehen. Der Klee vermag **Lebensfreude** oder **Hoffnung** zu schaffen.

Der *Reiter*, der sich auf den Klee zubewegt, deutet darauf hin, dass etwas sehr schnell vorangeht. Schaut der *Fuchs* in den Klee ist nur von einem kurzen Scheinglück auszugehen.

Schlüsselworte: kleines Glück, kurze Dauer; Fröhlichkeit; Humor; Genuss

Eigenschaften: kurzfristig, klein, kurz, sehr bald, lustig

Besonderheit: zeitangebende Karte, Karte mit ähnlichen Bedeutungsebenen

3 Schiff

Wenn Du ein Schiff bauen willst, so trommle nicht Männer zusammen, um Holz zu beschaffen, Werkzeuge vorzubereiten, die Arbeit einzuteilen und Aufgaben zu vergeben, sondern lehre die Männer die Sehnsucht nach dem endlosen weiten Meer!

Antoine de Saint-Exupery, französischer Schriftsteller

In einem wankenden Schiff fällt um wer still steht, nicht wer sich bewegt.

Ludwig Börne, deutscher Journalist

Woran denkt man wohl als Erstes, wenn man ein großes Schiff auf dem weiten Meer sieht? Ferne Länder und hoffnungsvolle Erwartung! Deshalb steht diese Karte auch für alles, was mit **Reisen und Ausland** zu tun hat. Da mit einem ankommenden Schiff auch immer allerhand Dinge an Land gebracht werden, zählt diese Karte neben dem Reiter zu den Botenkarten. Mit dem Schiff, das wir anfangs vielleicht erst als kleinen Punkt am Horizont wahrnehmen, könnte etwas auf uns zu kommen, was wir schon lange sehnsüchtig erwartet haben. Manchmal trägt es etwas fort, was wir lieber behalten möchten, manchmal bringt es uns auch etwas zurück, was wir uns wünschen.

Die **Hoffnung** steigt in uns, dass es etwas Gutes sein möge. Zusammen mit dem *Anker* verspricht diese Karte häufig, dass etwas zurückkehrt oder endlich sein Ziel erreicht. Doch sicherlich dauert die Ankunft des Schiffes länger als die des Reiters, weshalb dieser Karte auch eine **längere Dauer** zugeschrieben wird.

Jedoch muss bis dahin das Schiff noch einen weiten Weg zurücklegen, der es durch stürmische Gezeiten trägt. Dem Bild des starken Seegangs und der großen Wellenbewegung des Wassers entspringt eine neue Bedeutung der Karte. Die Launen der Natur als Sinnbild für das Auf und Ab einer bestimmten Angelegenheit, die **Höhen und Tiefen der**

Liebe; etwas schwankt, geht hin und her. Und die **Sehnsucht** schwingt immer mit, wenn wir auf das Schiff blicken. Der Wunsch nach **Freiheit** löst Fernweh ins uns aus, doch genauso kann es umgekehrt sein.

Ferner kann das Schiff in geschäftlichen Bereichen für **Handel** und Auslandstätigkeiten stehen. Es symbolisiert auch eine **größere Unternehmung** oder ein **Projekt**. Mit dieser Karte kommt es oft zu einer **Entwicklung**, zu einem **Fortschritt** in unseren Angelegenheiten. Segelt es allerdings auf den *Berg* zu, müssen wir aufpassen nicht Schiffbruch zu erleiden. Zusammen mit den *Sternen*, folgen wir unseren Träumen, die uns mitunter soweit forttragen wie ein Schiff auf seiner Reise durch die sieben Weltmeere.

> Schlüsselworte: Reise und Ausland; Hoffnung; längere Dauer; Entwicklung; Handel; Unternehmungen und Projekte; Wiederkehr oder Abschied; Auf und Ab der Liebe
>
> Eigenschaften: unternehmungslustig, freiheitsliebend; unbeständig, erlebnishungrig, aufgeschlossen, weltoffen, weit
>
> Besonderheit: Botenkarte, Themenkarte, Bäumchen-wechsel-dich-Karte, zeitangebende Karte

4 Haus

Drei Dinge sind an einem Gebäude zu beachten:
dass es am rechten Fleck stehe,
dass es wohl gegründet,
dass es vollkommen ausgeführt sei.
Johann Wolfgang von Goethe, deutscher Dichter

Nachdem das Schiff, als dritte Karte seine weite Reise beendet hat, kommen wir endlich wieder **zu Hause** an und fühlen **Heimat**. Dies ist der Ort, der uns die meiste **Sicherheit** bietet. In unserem eigenen Reich fühlen wir uns geborgen und beschützt. Dabei kann das Haus auch eine Wohnung sein. Gleichwohl ist und bleibt es unser **privater Bereich**, in dem Fremdes, Feindliches und Unfreundliches nichts zu suchen hat. Die eigenen vier Wände geben **Geborgenheit** und Schutz. Freilich wissen wir aber alle, was ein Haus als Gegenleistung verlangt. Im **Alltag** müssen wir viel **Pflege** und **Organisation** aufbringen, damit alles so schön bleibt, wie es ist.

Bezogen auf berufliche oder partnerschaftliche Themen dürfen wir das Haus immer mit **Stabilität** in Verbindung bringen. Wir können uns darauf verlassen, dass die festen Mauern solide und tragfähig sind. Nichts kann uns hier so schnell erschüttern, denn das Haus symbolisiert eine **feste Planung**, ein ordentliches Grundkonzept, auf das wir bauen können. Jedoch kann das tägliche Einerlei auch schnell zu **Routine** und Langeweile führen. Natürlich ist das Haus auch der Hort der **Familie**. Nicht zuletzt fühlen wir uns in unserem Nest am wohlsten, da wir hier mit unseren Liebsten viel gemeinsame Zeit verbringen können. Das Haus steht daher auch für die Balance und das **Wohlbefinden**. Zusammen mit dem *Baum* sollten wir uns von der Außenwelt zurückziehen und an einem ruhigen Ort Kraft tanken. Mit den *Störchen* in Aktion steht ein Umzug an. Die *Sense* am Haus offenbart, dass der Haussegen schief hängt.

Schlüsselworte: zu Hause; Heimat und Familie; Sicherheit; Planung; privater Bereich; der Morgen; Alltag; ein Geschäft oder ein kleines Familienunternehmen; Pflege; Routine; Wohlbefinden, Geborgenheit; Ganzheit; Stabilität

Eigenschaften: verlässlich, langweilig, stabil, strukturiert, ordentlich, ehrlich, familiär, sicher, planerisch, festgefahren

Besonderheit: Themenkarte, Karte mit ähnlichen Bedeutungsebenen, Bäumchen-wechsel-dich-Karte

5 Baum

Geduld ist ein Baum, dessen Wurzeln bitter und dessen Früchte nicht süß sind.

Iranisches Sprichwort

Die alte Linde, die auf dem kleinen Hügel schon seit urewigen Zeiten die Menschen und die Landschaft um sie herum bewacht und dabei niemals träge oder nachlässig wird, verkörpert **das Leben** selbst. Als Laubbaum schafft sie üppigen Lebensraum und bietet nützliche **Ressourcen**.

Während der Sommermonate dient der Baum uns als Schattenspender und seine sanftmütige **Ruhe**, die er weit in die Gegend ausstrahlt, zeugt von tiefer **Reife** und moralischer, ja eher **konservativer Grundhaltung**. Alterwürdig speichert er all sein Wissen der vielen Lebensjahre und ruft durch seinen saisonalen Wandel immer dann, wenn seine Zeit gekommen ist, nach Fortsetzung von Traditionen wie dem alten Liebesbrauch des Maibaumstellens. Vielleicht ermahnt er uns als natürliche Hoheit auch mal ein wenig zu **Geduld**, denn er weiß selbst am besten, dass nur das langsame **Wachstum** nachhaltig zum Gedeihen führt. Vor Lebenskraft blühend steht er würdevoll für den Bereich der **Gesundheit und Erholung**. Liegt der *Berg* am Baum wird es Zeit unseren Körper und Geist zu entlasten und für Entspannung zu sorgen. Baum und *Ring* zeigen wie seine eigenen Jahresringe eine Verbindung fürs Leben oder einen langen Lebensabschnitt.

Da der Baum eine **lange Zeit** repräsentiert, kann er auch für unsere jetzige Situation relevante Lebensmuster oder Problematiken anzeigen, die bereits in unserer Kindheit verwurzelt sind. Doch genauso offenbart er, was auch in Zukunft **Beständigkeit** haben wird. Schon im alten Testament stand der Baum für ein langes Leben. Im Lenormand spricht er deswegen für die **lange Zeitdauer** einer Angelegenheit.

Dies können Lebenssituationen sein, die noch eine ganze Weile in der bestehenden Form bleiben, und in denen etwas Neues auf sich warten lässt. Die *Eulen* neben dem Baum könnten uns allerdings auffordern eine Lebenssituation oder Lebenseinstellung radikal zu verändern.
Das *Kind* am Baum symbolisiert langsames, aber gesundes und beständiges Wachstum oder einen soliden Aufbau.

> Schlüsselworte: das Leben; Gesundheit; Ruhe; Gewohnheit und Traditionen; Anstand, Moral; sehr lange Zeit; Ressourcen; Beständigkeit; Dinge, die so bleiben wie sie sind
>
> Eigenschaften: lang andauernd, ruhig, aufrichtig, konservativ, altmodisch, fest und sicher, traditionell, wertebewusst, verlangsamend
>
> Besonderheit: Themenkarte, zeitentbindende Karte

6 Wolken

Wer Wind sät, wird Sturm ernten.
Deutsches Sprichwort

Wenn sich die Wolken verdichten und der Himmel sich dabei zunehmend verdunkelt, ahnen wir meist nichts Gutes. So will uns auch diese Karte zeigen, dass etwas Gefahrenvolles in der Luft liegt. Besonders mit den *Eulen* als Nachbar, ändert sich die „Wetterlage“ einer bestimmten Angelegenheit. Es braut sich über uns ein Gewitter zusammen. **Schwierigkeiten** und **Hindernisse** drohen. Leider verstehen wir darunter immer erst etwas Negatives. Aber meist stellt sich später heraus, nachdem sich die Wolken verzogen haben, dass die Hindernisse mehr als Herausforderung zu verstehen waren. Auf den meisten Decks gibt es eine dunkle und eine helle Wolkenseite. Die Seite mit den Schönwetterwolken ist harmloser, weil die **Konflikte** und **Unannehmlichkeiten** abgemildert werden. Die Schlechtwetterfront verzieht sich allmählich wieder.

Leider sind es oft nicht nur die großen Unwetter, die uns **Sorgen** bereiten. Ein dicker Nebel lässt uns nicht das sehen, was es zu erkennen gilt. Wir haben vielleicht nur eine leise Ahnung was sich hinter der Nebelwand verbirgt, doch die **Unklarheiten** sind zu groß, um wirklich eine freie Sicht auf die Dinge zu bekommen. Es gibt keine eindeutigen Ergebnisse, oder wir werden vielleicht sogar hinters Licht geführt. Der nebulöse Charakter dieser Karte zeugt oft von **Hintergehungen** und **Enttäuschungen**. Schlägt die *Sense* mitten in die Wolken, ist dies eine Mahnung davor unnötige Risiken einzugehen. Gemeinsam mit den *Fischen* kann diese Karte sogar ein Indikator für ein Suchtproblem sein.

Finden wir die Wolken bei einer *Person* wieder, sollten wir uns darauf gefasst machen, dass uns ihr Verhalten verunsichern wird oder wir sogar völlig im Dunkeln tappen. In Verbindung mit dem *Mond* wird schlechte

Stimmung und Depression erkennbar. Stehen die *Sterne* bei den Wolken, könnten ein Traum oder eine Vorstellung von einer bestimmten Situation unrealistisch und irreführend sein. Unsere Sicht ist vielleicht verklärt oder verstellt.

Schlüsselworte: Schwierigkeiten und Hindernisse; Unklarheiten; Verwirrung; Hintergehungen und Enttäuschungen; innere und äußere Unsicherheit; Tarnung und Täuschung

Eigenschaften: unsicher, unklar, unseriös, verworren, unehrlich, umständlich, unrealistisch, enttäuschend

Besonderheit: Karte mit zwei Gesichtern

7 Schlange

Die Schlange, welche sich nicht häuten kann, geht zugrunde. Ebenso die Geister, welche man verhindert, ihre Meinungen zu wechseln; sie hören auf, Geist zu sein.

Friedrich Nietzsche, deutscher Philosoph

O heuchlerische Güte! Schmeichelnd kitzelt die Schlange, wo sie sticht!

William Shakespeare, englischer Dramatiker

Die Schlange ist einer der subtilsten Karten des ganzen Lenormand-Orakels. Bei ihrem Anblick sind wir geneigt dieser etwas Heimtückisches, Verräterisches oder Intrigantes anzuhängen. Nach alttestamentarischem „Mythos" war sie die Böse, die Adam und Eva aus dem Paradies vertrieb. Selbst wenn die Schlange als eher Furcht einflössende Reptilienart nicht gerade zu den freundlichsten Wesen zählt, denen man in der Wildnis freiwillig begegnen möchte, hat sie ihren schlechten Ruf keineswegs verdient.

Beim Deuten der Karten sollte die Schlange zunächst als **neutrale weibliche Person** betrachtet werden. Sie kann eine gute Freundin, Tochter, Mutter, Kollegin und jede weitere verwandte oder bekannte weibliche Person verkörpern. Erst aus den umliegenden Karten wird der Charakter dieser Frau sichtbar. Doch sollte sie nicht vorweg eine Brandmarkung als Giftmischerin, Zicke oder Nebenbuhlerin bekommen.

Die abgebildete Natter ist heute noch das Symbol sämtlicher Heilberufe (man denke nur an das Apothekenzeichen), so dass man ihr zu Recht die **Heilkunst, Weisheit** und **Klugheit** zuschreiben darf. Durch Ihre Fähigkeit sich zu häuten, ist die Schlange von jeher auch ein Symbol der **Wandlung**. Jemand muss aus seiner alten Haut heraus, um zu wachsen.

Die Schlange zeigt damit im spirituellen Sinne an, dass man eine alte Gewohnheit, innere Haltung oder Glaubensmuster abstreift, um sich zu erneuern oder zu läutern.
Einer der wenigen negativen Aspekte, welchen diese Karte verbildlicht, sind **Komplikationen** oder **Umwege** in Bezug auf die Angelegenheit, bei der die Schlange zu liegen kommt. Diese Zuordnung verdankt sie solchen Wortbedeutungen wie „sich durchschlängeln" oder „sich winden". Es handelt sich also um Situationen, die verzwickt sind und in denen etwas nicht geradewegs zum Ziel führt. Um nicht den roten Faden zu verlieren, bedarf es eines kühlen Kopfes; oft ist **Vernunft** und **Verstand** gefragt, um wieder in die richtigen Bahnen einzulenken.

Auch deutet die Schlange an den *Beziehungskarten* nicht zwangsläufig auf eine weibliche Person hin, die das Liebesglück stören könnte, sondern es werden in diesem Zusammenhang häufig **schwierige Umstände für die Liebe** angezeigt, die im äußersten Fall die Beziehung vergiften könnten. Zusammen mit den *Blumen* steht sie entweder für eine Anzahl von Frauen (z.B. mehrere gute Freundinnen), oder sie stellt Wandlungsfähigkeit im kreativen Sinne dar wie bei jemandem, der sich immer wieder neu erfindet und in verschiedene Rollen schlüpfen kann.

> Schlüsselworte: weibliche Person, die von der guten Freundin, Schwester, Kollegin bis hin zur Nebenbuhlerin alles verkörpern kann (keine Zuordnung von Charakter oder Erscheinen ⇨ Person zunächst neutral); Heilkunst, Weisheit; Komplikationen, Umstände; Risiko; Vernunft
>
> Eigenschaften: klug, kompliziert, umsichtig, verhängnisvoll, verführerisch, riskant fürsorglich, weise, heilerisch, rational
>
> Besonderheit: Personenkarte

8 Sarg

Zwischen Sarg und Wiege ist nur eine Stiege.

Deutsches Sprichwort

Mitten im Leben sind wir vom Tode umfangen.

Mittelalterliches Kirchenlied

Diese Karte ist wohl die Ungeliebteste aller Lenormand-Karten. Unweigerlich wird der Sarg mit dem Thema Tod in Verbindung gebracht. Doch ganz selten ist wirklich das Ableben einer Person im Kartenbild damit gemeint (außerdem weiß jeder geschulte Kartenleger, dass Aussagen zu einem künftigen Todesfall unsere moralischen und ethischen Grenzen sowie Kompetenzen überschreiten würden)! Einzige Ausnahme, bei der das Thema Tod eines Menschen angesprochen werden darf, ist im Falle einer bereits verstorbenen Person, die im Kartenbild aus besonderen Gründen noch zu sehen ist. Martin Luther verkehrte einst obiges Zitat in die Worte: „ Mitten im Tode sind wir vom Leben umfangen“. Sollte dies nicht etwa ein schöner, versteckter Hinweis auf die Annahme der Wiedergeburt sein? Jene mutmaßliche Überzeugung offen ausgesprochen, hätte er zu Zeiten der Inquisition sein Leben noch mehr riskiert.

Nicht nur Menschenleben sondern auch Lebensumstände- und Abschnitte finden immer wieder ein **Ende**. In solchen wichtigen Situationen zeigt der Sarg eine **Transformation** an – etwas Altes stirbt und etwas Neues beginnt. Daher steht der Sarg auch klassisch für **Trennungen**. Möchte man weitergehen, muss man dafür etwas hinter sich lassen.

Dem Sarg kommt noch eine weitere Bedeutung zu, die ihn in einem freundlicheren Licht erscheinen lässt. Astrologisch wird das Thema der Karte dem Planeten Pluto zugeordnet, welcher nicht nur Abgründe sondern auch Tiefgründe symbolisiert.[4] Besonders in Bezug auf Liebe und Gefühle kann der Sarg hier die **Tiefe** und **Intensität** kennzeichnen. Für diese Interpretation sollte das Symbol aber hauptsächlich von positiven Karten umgeben sein. Durch den plutonischen Charakter, der als eines der Hauptthemen ebenso die Macht beinhaltet, findet diese Karte noch eine ganz andere Bedeutung: **Manipulation** oder subtile Beeinflussung.

> Schlüsselworte: Ende; Transformation; Trennung; Krankheit; Manipulation; Tiefe und Intensität (nur wenn die umgebenden Karten positiv sind); Vorsicht: Der Sarg alleine kann keinen Tod widerspiegeln ⇨ Ein Todesfall wird aus moralischen Gründen nie vorausgesagt!
>
> Eigenschaften: tiefgründig, ernst, definitiv, kompromisslos, vergänglich, traurig, erneuerungsbedürftig, manipulierend, abgeschlossen, intensiv
>
> Besonderheit: Karte mit ähnlichen Bedeutungsebenen

---

[4] Auf wenigen Lenormand-Decks werden astrologische Symbole abgebildet, welche aber je nach Herausgeber in ihrer Zuordnung zu den jeweiligen Karten variieren. Bei manchen Karten erwähne ich - angelehnt an die astrologische Symbolik der wundervoll gestalteten Lenormandkarten von Hildegard Leiding - den Planeten, der dem Lenormandsymbol am meisten entspricht.

9 Blumen

Blumen sind die schönen Worte und Hieroglyphen der Natur, mit denen sie uns andeutet, wie lieb sie uns hat.

Johann Wolfgang von Goethe, deutscher Schriftsteller

Blumen machen die Menschen fröhlicher, glücklicher und hilfsbereiter. Sie sind der Sonnenschein, die Nahrung und die Medizin für die Seele.

Luther Burbank, US-amerikanischer Pflanzenzüchter

Einen üppigen Strauß Blumen empfinden wir immer wieder als etwas Wunderschönes und Einzigartiges, gibt es wohl meist auch einen besonderen Anlass, zu dem wir Blumen bekommen oder verschenken. Jeder Anblick der schmuckvollen Blüten bereitet **Vergnügen** und bringt uns auf schöne Gedanken. Denn wir verbinden Blumen mit **freudigen Ereignissen**, großen Gefühlen und Momenten des Glücks. Die farbenfrohe Pracht der Blüten verbreitet direkt eine **gute Stimmung**. Daher darf diese Karte in die obersten Ränge der positiven Karten einsortiert werden.

Die Karte überrascht vor allem auch durch ihre Vielseitigkeit an Bedeutungen. Zum Binden eines gelungenen Blumenstraußes ist künstlerisches Geschick erforderlich, nicht zuletzt steht diese Karte deswegen auch für **Kreativität und Entfaltung**, ja manchmal sogar für ein **Hobby** oder die schönen **Künste**. Die Blumen symbolisieren ebenso **Geschenke** und vor allem **Einladungen**. Und manches sagt sich eben besser „durch die Blume". Die blühende Pracht ist ein Ausdruck für **Freude, Glück** und **Zufriedenheit**. Doch Vorsicht, mit dem *Fuchs* zusammen könnte die **Liebenswürdigkeit** und Schmeichelei nur Tarnung sein, da in Wirklichkeit geheuchelt wird.

Oft steht diese Karte auch für eine **jüngere Frau** (nicht die Herzensdame!) oder **Freundin**, jedoch wird ihr wie der Schlange nicht vorab eine bestimmte Art von Charakter zugeteilt.

Blumen mit *Anker* kann bedeuten, dass jemand mit kreativen, künstlerischen oder ästhetischen Dingen arbeitet. Genauso zeigt dieses Duo eine berufliche Selbstverwirklichung. Gemeinsam mit dem *Bären* sprechen die Blumen im Blatt einer weiblichen Ratsuchenden für einen Mann, der ihr sehr gewogen ist und sich zu ihr hingezogen fühlt.

> Schlüsselworte: Vergnügen, Freude; Kreativität und Entfaltung; Sympathie; Einladung und Geschenk; Hobby; Künste; Date; schöne Erlebnisse; eine jüngere Frau; Frühling
>
> Eigenschaften: schön, erfreulich, künstlerisch, gut gelaunt, sympathisch, feierlich, liebevoll, eingebildet, eitel, begeistert
>
> Besonderheit: Bäumchen-wechsel-dich-Karte, zeitangebende Karte

10 Sense

**Kaum ein paar kurze Wochen sind die Felder glühend zu sehen;
gleich muss die Sense dann pochen,
und Stoppeln bleiben kalt stehen.**

Max Dauthendey, deutscher Dichter

Die Sense wirkt in ihrer Darstellung zunächst beängstigend, ja sogar etwas rabiat. So zeigt sie mit ihrem messerscharfen Schliff an, dass eine gewisse **Gefahr** von ihr ausgeht. Dabei war sie einst für die Bauern ein wichtiges Werkzeug, um im Spätsommer die Wiesen zu mähen und auch heute noch wird in hohen Bergregionen mit ihrer Hilfe das für die Nutztiere nahrungsreiche Heu abgetragen. Somit kann sie versinnbildlichen, dass wir nach Phasen der Belastung und **Anstrengung** die **Ernte** unseres Schaffens einfahren können.

Jedoch verbreitet die Sense aus der Sicht eines wohlstandsgenährten Großstädters auf den ersten Blick zunächst einmal **Schrecken**. So ist sie auch im Lenormand ein Indiz dafür, dass etwas ganz plötzlich ins Geschehen eingrifft, wir also mit **überraschenden Ereignissen** zu rechnen haben. Dort, wo sie über einer anderen Karte liegt, werden wir uns schlagartig auf einen neuen und unabsehbaren **Vorfall** gefasst machen müssen. Obendrein hält die Sense auch eine **Warnung** bereit, besonders wenn sie mit ihrer Spitze auf ein im wahrsten Sinne des Wortes hervorstechendes Thema im Kartenblatt zeigt. Die Sense steht auch für Bereiche, in denen es **Schäden und Verletzungen** gibt, so weist sie z.B. auf eine verwundete Körperstelle, ein beschädigtes Gut, angriffsvolle Worte oder verletzte Gefühle hin.

Das **Einschneidende** der Sense drückt sich in manchen Kombinationen sehr anschaulich aus. So kann die Sense mit den *Sternen* für einen plötzlichen Glücksfall stehen oder mit dem *Brief* eine völlig unerwartete Nachricht bringen. Schlägt sie in den *Turm* ist sozusagen „Sense" mit einer Sache. Schlägt sie dagegen in die *Sonne*, will jemand einem den „Schneid" abkaufen; man könnte den Mut und Optimismus verlieren. Die Sense kann folglich auch dafür sorgen, dass etwas durchtrennt wird. Dieser Zustand der Teilung muss nicht endgültig sein wie es beim Sarg oder beim Turm schon eher der Fall ist. Diese Karte will an vielen Stellen viel mehr die „Androhung" einer bevorstehenden Trennung aussprechen.

Schlüsselworte: Gefahr; Überraschung und Vorfälle; Schreck; Anstrengung; Ernte; Verletzung und Schäden; Herbst; vorübergehende Durchtrennung; Warnung

Eigenschaften: überraschend, plötzlich, gefahrenvoll, schmerzhaft, verletzend, erschreckend, anstrengend, stressig, brüchig

Besonderheit: Karte mit zwei Gesichtern, zeitangebende Karte

11 Ruten

Es bindet mancher eine Rute für seinen eignen Hintern.
Deutsches Sprichwort

Die Symbolik der Ruten mitsamt der abgebildeten Peitsche machen den Jahrhunderte alten Ursprung der Lenormandkarten deutlich. Damals dienten diese Gegenstände entweder als Waffe oder zur Bestrafung - beides mit der Absicht durch **Gewalt** Menschen zu züchtigen und zu demütigen.

Die Ruten bezeichnen daher die **Auseinandersetzung** mit einem Menschen oder einem Thema. Sie zeigen auch an, dass wir uns wehren müssen oder durchsetzen wollen, weil uns etwas Unrecht erscheint. Dies geschieht im konstruktivsten Fall durch **Verhandlungen** oder **Diskussionen**, in welcher wir unsere Argumente dem Gegenüber sachlich darlegen. Die Ruten haben immer einen ernsten Gesprächscharakter. Standpunkte werden ausgetauscht und im besten Fall Differenzen und **Disharmonien** bereinigt.

Sprache und **Rhetorik** sind der freundlichste Ausdruck dieser Kommunikationskarte. Auch kann sie vergegenwärtigen, dass wir uns in einer bestimmten Angelegenheit hin – und hergerissen fühlen und eine **ambivalente Haltung** haben. Zwiespältige Handlungsweisen führen leicht zu **Streit** oder **Boshaftigkeiten**. Nicht umsonst liegt diese Karte häufig den juristischen Sachverhalten so nahe. Wenn sich zwei streiten, freut sich bekanntlich der Dritte, in diesem Bedeutungsfalle jemand, der durch Rechtsbeistand oder Beratung abhilft.

Die Ruten stehen auch für einen **Kampf**, den jemand innerlich mit sich austrägt. In emotionalen Dingen fühlt man sich uneins, oder es arbeitet etwas, was die Seele stark mit nimmt.

Kopfzerbrechen und **Grübeleien** sind die Folge dieser inneren Unruhe. Gepaart mit der *Sense* steht diese Karte für Aggression; zusammen mit der *Schlange* häufig für Unrecht oder Ungerechtigkeit.

Schlüsselworte: Diskussionen und Verhandlungen; Konflikt; Aggression und Boshaftigkeiten; Kampf; Gespaltenheit (auch innerlich); kann für die Zahl 2 stehen; Grübelei; Ausdruck und Sprache

Eigenschaften: angriffslustig, boshaft, rhetorisch gewandt, sachlich, zwiegespalten, konfliktreich, ernst, grüblerisch

Besonderheit: Kommunikationskarte; Karte mit ähnlichen Bedeutungsebenen

12 Eulen (Vögel)

Dem Vogel ist ein einfacher Zweig lieber als ein goldener Käfig.

Koreanisches Sprichwort

Weise alte Eule auf der Eiche,
sahst gar viel von Deinem Reiche;
sprichst Du kaum, vernimmst Du umso mehr:
Gäbe was drum, wenn ich solch weiser Vogel wär´.

unbekannt

Statt der Eulen werden auf den moderneren Kartendecks meist andere Vogelarten abgebildet, was die Bedeutung der Karte jedoch nicht verändert. Gleich bleibend handelt es sich um die wachsamsten Waldbewohner, die als erstes aufschrecken, wenn etwas in der Umgebung nicht in Ordnung ist, sich die Atmosphäre ändert oder förmlich etwas in „der Luft liegt". Vögel sind sozusagen das Frühwarnsystem der Tierwelt. Und sie sind in jenem Lebensraum nahezu die einzigen Wesen, die in unseren Breitengraden zum Winter und Frühjahr hin weite Strecken auf sich nehmen, um das Klima zu wechseln.

Da Vögel seit jeher für **Freiheit** und **Unabhängigkeit** standen, sorgen sie folglich auch für **Neugestaltungen** in unserem Leben. Die Bedeutungen dieser Karte ähneln damit den astrologischen Entsprechungen des Revolutionsplaneten Uranus. Da dieser gleichermaßen für Umbrüche steht, können ebenso den Eulen symbolisch die **großen Veränderungen** zugeordnet werden. Während die Störche lediglich kleinere Wechsel oder Veränderungen im Rahmen einer bestehenden Ordnung anzeigen, sprechen die Vögel für eine viel weitreichendere und bedeutendere Erneuerung, welche in einem bestimmten Lebensbereich geschieht (z.B. zeigen die Störche am *Anker* eher eine Veränderung unseres Aufgabengebietes oder eine betriebliche Umstrukturierung, wohingegen die Eulen auf einen richtigen Stellenwechsel oder auf eine ganz neue berufliche Tätigkeit schließen lassen). Ob die Veränderungen positiv oder (zunächst) negativ sind, entscheiden die umliegenden Karten.

Die Eulen verkörpern auch **Hektik und Aufregung**. Beides sind ja meist die Vorboten einer bevorstehenden Erneuerung. Im äußersten Fall könnte dadurch auch **Chaos** und **Eskalation** verursacht werden.

In Liebesdingen und Gefühlsfragen sind die Eulen ein Merkmal für **Unverbindlichkeit und Flatterhaftes**. An dieser Stelle wird aus einem Verhältnis (noch) nichts Beständiges oder das Objekt der Begierde will sich partout nicht fest binden.
Zusammen mit dem *Mond* sorgt diese Karte für ein Gefühlschaos und mit dem *Reiter* hat das Leben gerade ein echtes Abenteuer zu bieten.

Als Wächter des Waldes fordern die Eulen dazu auf, schwierige oder verworrene Angelegenheiten aus einer Distanz zu betrachten, im wahrsten Sinne des Wortes aus der Vogelperspektive, um sich wieder einen Überblick und damit eine Lösung zu verschaffen.

Schlüsselworte: die großen Veränderungen; die Eulen zeugen von einem einschneidendem Ereignis, was das Leben gravierend verändert; Aufregung, Chaos, Unruhe; Unabhängigkeit; wie die Ruten können die Eulen in seltenen auch für die Zahl 2 stehen; Liebe und Partnerschaft: nichts Festes, etwas ist unverbindlich und unstabil oder eine Affäre; auch ein Telefonat

Eigenschaften: unverbindlich, befreit, ungezwungen, chaotisch, aufgeregt, flatterhaft, umwälzend, unbeständig

Besonderheit: Karte mit ähnlichen Bedeutungsebenen, Kommunikationskarte

13 Kind

Ein Kind - das, was ein Haus glücklicher, die Liebe stärker, die Geduld größer, die Hände geschäftiger, die Nächte kürzer, die Tage länger und die Zukunft heller macht!

unbekannt

Sind die Kinder klein, müssen wir ihnen helfen, Wurzeln zu fassen. Sind sie aber groß, müssen wir ihnen Flügel schenken.

Jüdisches Sprichwort

Niedlich, nett und adrett erscheint das Kind auf dieser positiven Karte. Natürlich verkörpert es auch den **Nachwuchs bis ins Jugendalter**. Beim Kind liegende Karten können aber auch einen Ausblick über künftige Geschehnisse geben. Die stärkste Bedeutung des Kindes liegt allerdings im **Neuanfang**. Gleich wo es im Kartenbild zu liegen kommt – dort beginnt etwas Neues zu wachsen und steckt sprichwörtlich in den Kinderschuhen.

Kinder sind stets unbekümmert und leben im Hier und Jetzt. Eine Haltung, die wir im Laufe des Erwachsenwerdens zunehmend zu Gunsten großer Verantwortungen verlieren, die mit den Pflichten und Lasten des Alltags zu tragen sind. Damit zeigt uns die Karte wie gut es tut etwas **Schwung**, **Spontanität** und Gegenwärtigkeit in unser Leben zu bringen. Vor allem durch eigene Kinder erfahren wir, wie viel Freude es bereitet, wieder spielerischer mit dem Leben umzugehen und die Dinge einfach mal geschehen zu lassen. Das Kind ermuntert in einem bestimmten Lebensbereich zu mehr Frische und **Leichtigkeit** (nicht Leichtsinn!), meist geht es dann auch wieder deutlich schwungvoller voran. So wie wir bei Kindern Begabungen entdecken und fördern sollten, zeigt diese Karte was in uns steckt und geweckt werden möchte, welche **Talente** wir also besitzen. Hat das Kind einen „Platz an der *Sonne*“ sollten wir nicht länger zögern unser Potential auszuschöpfen.

Jedoch kann mit dem Kind durchaus auch **Naivität**, **Unreife**, **Unbedachtheit** oder zu große Gutmütigkeit beschrieben sein.
An den *Wolken* oder der *Sense* liegend ist man mit der Karte des Kindes zu blauäugig oder leichtgläubig und droht sich damit in eine ungute oder gar verhängnisvolle Situation zu begeben. In Kombination mit dem *Schlüssel* hingegen können wir getrost Vertrauen fassen.

> Schlüsselworte: ein Kind bis ins Jugendalter; Kindheit; Wachstum; Neubeginn; Leichtigkeit; Freude; Talent; Unreife; Spiel
>
> Eigenschaften: klein, kindlich, naiv, frisch, wachsend, unbeschwert, erleichtert, neugierig, offenherzig, beschwingt, schutzbedürftig, verwöhnt, unbedarft, leichtgläubig
>
> Besonderheit: Personenkarte

14 Fuchs

Wer mit Füchsen zu tun hat, muss den Hühnerstall zuhalten.

Der Fuchs verkehrt wohl seine Haut, aber nicht sein Gemüt.

Deutsche Sprichwörter

In einem wunderschönen Naturfilm mit dem Titel „der Fuchs und das Mädchen“ (wie passend der Titel zum Lenormand ist, wo der Fuchs auf die Karte des Kindes/Mädchens folgt) wird von der zauberhaften Freundschaft zwischen Mensch und Tier erzählt. Der Fuchs bekommt darin nicht etwa sein uraltes Stigma als räubernder und listiger Waldbewohner, welches ihm durch viele Märchen und Legenden seit jeher anhaftet. In diesem Film werden seine Eigenschaften als intelligenter, wachsamer und sogar treuer Gefährte auf eindrucksvolle und überzeugende Weise dargestellt. Sein verschmitzter Charme und seine Klugheit, die sein wahres Naturell ausmachen, werden dem Fuchs in der klassischen Deutung des Lenormand gleichermaßen abgesprochen.

Wo er im Kartenblatt auf der Bildfläche erscheint, ist er ein Sinnbild für **Betrug**, **Missgunst** und **Täuschung**. Dieses Jagdtier verkriecht sich erst dann wieder in seinem Bau, wenn es das bekommen hat, was es erjagen wollte – ganz gleich auf welche unrechtsame Weise die Beute ergattert wird. Besondere Beachtung gilt immer der Kombination aus *Wolken* und Fuchs, welche auf eine schwere Hintergehung hindeutet.

Grundlegend kann man davon ausgehen, dass der Fuchs immer das anzeigt, was gerade **falsch läuft oder falsch ist**, gleich ob es sich dabei um Umstände, Handlungsweisen, Personen oder Gedanken handelt. Schaut eine der *Personenkarten* direkt auf den Fuchs ist dies ein Hinweis auf eine **Lüge**, hinterlistiges Verhalten oder **Berechnung**. Ebenso kann es ihr geschehen, dass sie selbst belogen oder betrogen wird.

Diese Karte ist eine derjenigen, welcher stets hohe Aufmerksamkeit gebührt. Doch nicht in jedem Kartenblatt will der Fuchs Schaden anrichten. Auch kann er einem den gut gemeinten Rat geben, alle Register zu ziehen, sich in einer bestimmten Angelegenheit **schlau** oder taktierend zu verhalten, um ein bestimmtes Ziel zu erreichen. Diese positive Auslegung wird wiederum dem subtilen und scharfsinnigen Charakter dieses Frechdachses gerecht.

Fuchs und *Ruten* zeigen Missverständnisse an; in Kontakt mit den *Störchen* ist von einem falschen Zeitpunkt für eine Sache auszugehen. Schaut der Fuchs direkt ins Kreuz wird sogar vor einem großen Fehler gewarnt.

> Schlüsselworte: (Not-)Lüge, Ausrede, Täuschung, Hintergedanken, Vortäuschung; Zweifel; Geschick; Unechtes und Unrechtes; Neid
>
> Eigenschaften: falsch, listig, verlogen, gerissen, trügerisch, berechnend, scheinbar, unecht, clever, frech, scheinbar
>
> Besonderheit: Karte mit zwei Gesichtern

15 Bär

Wo viel gearbeitet wird, da tanzt auch mal der Bär!

Deutsche Volksweisheit

Man darf den Bären nicht necken.

Finnische Volksweisheit

Eindrucksvoll demonstriert auf dieser Karte eines der am meisten gefürchteten Raubtiere seine Größe und Mächtigkeit. Leider muss der „Problembär" wie sein „Vorgänger" der Fuchs (Karte 14) in freier Natur die Hetzjagd des Menschen schon seit langen Zeiten über sich ergehen lassen und dafür viele Heldentode sterben. Heute begegnen wir allenfalls noch in kanadischen Naturschutzgebieten oder einheimischen Zoos diesem imposanten Lebewesen. Treffen wir allerdings in den Lenormandkarten auf den Bären, will er uns häufig mitteilen, dass wir in eine bestimmte Sache mehr **Vertrauen** haben sollen und **Schutz** geboten bekommen. Schon im Sinnbild vieler Märchen galt der Bär als Patron über die Hilflosen und Schwachen.

Sehr häufig verkörpert er auch eine **männliche Person** (wie die Schlange als Personenkarte zunächst neutral zu sehen), die im Kartenblatt einer Frau neben dem eigentlichen Herzensmann (Karte 28) von großer Relevanz sein kann. Dies mag ein zweiter Mann im Leben einer Frau sein, der Ex, ein männliches Familienmitglied oder ein anderer wichtiger Mann.

So wie uns ein Mensch als „hohes Tier" eine Menge Respekt einzuflössen vermag, steht diese Karte stellvertretend für das Thema **Macht** und **Einfluss**. Die gesamte Haltung des Bären verkörpert **Selbstbewusstsein** und **Durchsetzungsvermögen**. In unternehmerischen Tätigkeiten kann er **Führungsqualität** verkörpern. Neben dem *Schlüssel* ist im Job von erfahrener Kompetenz die Rede. Es kann jedoch auch eine gewisse **Dominanz** oder Besitzdenken mit dem Bären assoziiert werden. In einem anderen Bereich werden sogar **Eigentum** und Vermögenswerte durch den Bären dargestellt. Zuweilen kann er uns aber auch **Kraft und Anstrengung** abverlangen, um uns für die Bewältigung bestimmter Aufgaben „bärenstark“ zu machen. Besonders mit dem *Berg* zusammen ist ein wahrer Kraftakt gefordert.

> Schlüsselworte: männliche Person (wie die Schlange ist diese Personenkarte zunächst neutral zu sehen ⇨ er gewinnt seinen Charakter oder seine Bedeutung erst durch die umliegenden Karten); Schutz; Besitz; Stärke und Größe; Vertrauen; Führung, Dominanz
>
> Eigenschaften: stark, beschützend, dominant, groß, intensiv, leidenschaftlich, eifersüchtig, kompetent, selbstbewusst, durchsetzungsstark, willenstark, mächtig
>
> Besonderheit: Personenkarte, Karte mit ähnlichen Bedeutungsebenen

16 Sterne

Nimm dir die Zeit, um zu träumen,
es ist der Weg zu den Sternen.
Irische Volksweisheit

Drei Dinge sind uns aus dem Paradies geblieben:
Die Sterne der Nacht, die Blumen des Tages und
die Augen der Kinder.
Alighieri Dante, italienischer Philosoph

Beim Anblick des Sternenhimmels empfinden wir Menschen seit jeher ein großes Gefühl von unendlicher Weite und universeller Mächtigkeit. Die Sterne begleiten uns Nacht für Nacht und beherbergen unsere **(Lebens-) Träume**. Manchmal wenn man nach den Sternen greift, kann ein lang gehegter Wunsch sogar in **Erfüllung** gehen! Doch dafür braucht es zunächst ausreichend **Glaube** und **Vorstellungskraft**.
Noch heute zeigt ein forschender Blick in die Unpassierbarkeiten des Weltalls, dass es etwas gibt, was unsere Vorstellungen von Raum und Zeit gigantisch überragt, weil unser Bild von den überirdischen Welten schlichtweg viel zu klein ist.
Der Karte der Sterne werden vor allem auch dem **Übersinnlichen** zugeordnet, eben den Dingen, die durch die physikalischen Gesetze in unserem Kosmos noch nicht erklärbar gemacht werden konnten. Denn was wissen wir Menschen schon von all den Rätseln des Universums? Wer eine Neigung zur **Spiritualität** hat, nimmt die Welt und darüber hinaus das kosmische Geschehen bewusster und tiefsinniger wahr. **Intuition** bringt uns den verborgenen Dimensionen näher. **Inspiration** beziehen wir oftmals aus dieser unermesslichen Schöpfungskraft. Da die Sterne stets unsere Wege erhellen, können wir z.B. mit Hilfe der Astrologie zu neuen Erkenntnissen und Erfahrungen geführt werden.

Zudem zeigen die Sterne auf rein weltlicher Ebene auch **Erfolg und Gelingen** an. Unsere Ideen und **Visionen** können an der Stelle verwirklicht werden, wo diese Karte zu liegen kommt, sofern wir nicht einem unrealistischen Vorhaben, gar einer Illusion nachstreben, die z.B. der *Fuchs* oder die *Wolken* neben den Sternen anzeigen würden. Mit dem *Bären* zusammen soll vor allem unser Urvertrauen wieder geweckt werden.
An anderer Stelle vermag uns die Karte der Sterne **Klarheit** schenken oder verkünden, dass etwas im wahrsten Sinne des Wortes unter einem guten Stern steht.

Schlüsselworte: Spiritualität, Esoterik; (Lebens-) Träume; Erfüllung; Vorstellungskraft; Übersinnliches; Inspiration; Erfolg; Klarheit; Heilung

Eigenschaften: spirituell, idealistisch, viel, fantasievoll, überirdisch, verträumt, gewinnbringend, klar

Besonderheit: Themenkarte, Karte mit ähnlichen Bedeutungsebenen

17 Störche

Wer die Störche vertreibt, vertreibt die Freiheit.

Auch alte Störche lassen das Reisen nicht.

Deutsche Volksweisheiten

Die Störche gelten als die Wandergesellen unter den Vögeln, nicht nur weil sie Zugvögel sind, sondern weil sei vor allem weite Strecken bis nach Afrika zurücklegen, um dort zu überwintern. Der Karte der Störche bezeichnet im Lenormandorakel daher Situationen, die sich verändern oder neu entstehen, da diese Vögel traditionell auch ein Symbol der Neugeburt sind. Es sind allerdings nicht die großen Umwälzungen des Lebens, die viel mehr durch die Karte der Eulen angezeigt werden, sondern die **kleineren Wechsel und Veränderungen**. Zum Beispiel zeigen die Störche eine berufliche Veränderung durch einen Abteilungswechsel an, nicht jedoch den großen beruflichen Umbruch. Auch in der Liebe sorgen die Störche für frischen Wind. Es könnte sein, dass ein Zusammenzug stattfindet, sich eine Liebe spürbar verändert oder man als Single einen neuen Partner kennenlernt.

Da die Störche genauso wie der Reiter und das Schiff eine Botenkarte sind, können wir an ihrer Lage erkennen was sich bald tut oder ob überhaupt etwas in Bewegung kommt. Liegt eine negative Karte wie der *Berg* vor den Störchen, würde das bedeuten, dass derzeit die erwünschten Veränderungen nicht gelingen. Störche und *Wege* würden signalisieren, dass nichts mehr im Weg steht und dieser geebnet ist. Wie sich leicht erkennen lässt, hat die Karte der Störche einen sehr wandelbaren Charakter und ihre Bedeutung ist sehr stark von ihren Nachbarn abhängig.

Nicht verwunderlich, dass bei dieser Karte unter anderem auch von **Flexibilität, Anpassung und der Abwandlung von bestehenden Dingen und Strukturen** die Rede sein kann (z.B. ein Vertrag wird modifiziert, ein Haus renoviert, ein Programm umgeschrieben, mit einer Gewohnheit gebrochen usw.).

Die Störche haben noch eine weitere weniger bekannte Bedeutung. Sie stehen auch für die **Umgebung und das persönliche Umfeld**, denn sie haben sich ja auch seit jeher in der Umgebung von Menschen, z.B. auf deren Hausdächern angesiedelt. Ergänzend stehen sie für **Entertainmentbereiche und Freizeitbeschäftigung**.

> Schlüsselworte: kleinere Veränderungen; was sich mit Störchen verändert, ist nicht so umwälzend wie bei den Eulen; es ändert sich nicht gleich ein ganzer Lebensbereich sondern nur ein Teil davon; Anpassung; innerer und äußerer Wandel; Bewegung; das Umfeld, direkte Umgebung; Freizeit und Entertainment
>
> *Bei Liebe/Partnerschaft* häufiger Indikator für künftig neue Liebe oder Beziehungswechsel, egal ob jemand solo oder liiert ist, die Störche künden von etwas Neuem, wenn sie am Ring oder am Herzen liegen oder direkt in Bezug zu einer Personenkarte stehen (Hauptpersonen 28 oder 29, Bär oder Schlange)
>
> Eigenschaften: flexibel, teamfähig, anpassungsfähig, variabel, veränderungsfreudig, agil, unterhaltsam
>
> Besonderheit: Botenkarte, Karte mit ähnlichen Bedeutungsebenen, zeitangebende Karte

18 Hund

Bei sich zuhause ist der Hund am stolzesten.
Dänisches Sprichwort

Hunde haben alle guten Eigenschaften des Menschen, ohne gleichzeitig ihre Fehler zu besitzen.
Friedrich II. der Große, preußischer König

Damals im 19. Jahrhundert hatte der Hund als treuester Gefährte des Menschen überwiegend die Aufgabe Haus und Hof vor fremden Eindringlingen zu beschützen oder den Adel auf der Jagd zu begleiten. Damals war es nicht üblich einen Hund als Haustier zu halten und ihn dabei wie ein eigenes Familienmitglied zu behandeln. Er diente als folgsames und gut abrichtbares Nutztier. Heute sind Hunde für die meisten Besitzer Freund und Wegbegleiter. So ist es nahe liegend, dass der Hund im Lenormandorakel für **Treue, Aufrichtigkeit** und **Verlässlichkeit** steht.

Da der Hund ein sehr anhängliches und vertrauensseliges Wesen ist, wird ihm der Bereich der **Freundschaften, Gemeinschaften** und **sozialen Bindungen** zugeordnet. Ebenso kann er direkt eine Person symbolisieren, die entweder weiblich oder männlich ist (Vorsicht, er steht nie für den Partner oder Wunschpartner!). Der Hund ist eine sehr anpassungsfreudige Karte. Der *Fuchs* neben ihm verkehrt die eigentlich so angenehmen Eigenschaften des Hundes, lässt auf falsche Freunde oder Untreue schließen. Mit dem *Kind* an der Seite des Hundes ist mit Unterstützung und Hilfe von außen zu rechnen.

Erwähnenswert ist auch die Bedeutung der **Regelmäßigkeit**, die den Eigenschaften des Hundes innewohnt. Ein Hund braucht geregelte Mahlzeiten und regelmäßigen Auslauf. So zeigt diese Karte auch Dinge an, die sich normalisieren, einpendeln und gleichmäßig werden können

(z.B. Arbeitszeiten, unregelmäßiges Einkommen etc.). Ebenso kann dieses Tier symbolisch gesehen **Erwartungen** widerspiegeln. Der Hund ist es, der geduldig und voller Freude an der Haustür wartet, bis sein Herrchen oder Frauchen heimkommt.
Zusammen mit den *Eulen* muss man mit Unzuverlässigkeit oder Unbeständigkeit rechnen. In Verbindung mit dem *Kreuz* gibt es eine Geduldsprobe.

> Schlüsselworte: Freundschaft, Gemeinschaft; Treue, Verbundenheit; Erwartung; Unterstützung; Vertrauen; Haustier; Regelmäßigkeit; Loyalität; Geduld
>
> Eigenschaften: treu, regelmäßig, zuverlässig, ehrlich, kollegial, loyal, vertrauenswürdig, unterwürfig, geduldig, loyal, erwartungsvoll
>
> Besonderheit: Personenkarte

19 Turm

Wer hohe Türme bauen will, muss lange beim Fundament verweilen.

Anton Bruckner, österreichischer Komponist

Der Turm ist ein Täuscher, so unendlich die Weite wenn man oben ist, so dunkel und eng ist es im Innern.

Unbekannt

Türme galten einst als die alten Schutzwächter der Burgen und Städte. Von hoch oben erspähte man Angriffsversuche von Räubern und Feinden, die sich der Befestigung oder Stadtmauer zu nähern versuchten. Dieser große steinerne Riese verkörperte staatliche Autorität. Der Turm steht deshalb im Lenormand für die **Obrigkeit, Behörden** und **öffentliche Dienste**. Er kann in unserer heutigen Zeit auch ein **Unternehmen** und **selbständige Tätigkeitsbereiche** kennzeichnen. Da man zu Türmen lieber Abstand hält, weil sie nicht besonders einladend wirken, verbindet man mit ihnen auch Themen wie **Isolation, Einsamkeit** und **Einschränkung**. Kaum jemand fühlt sich wirklich wohl, der wie in einem "Elfenbeinturm" sitzt und den Kontakt zur Außenwelt meidet oder ein Leben wie einem goldenen Käfig führt.

Beim manch einem Anblick dieser mauernen Pfeiler kommt einem sofort Einengung oder Unterdrückung in den Sinn, so zum Beispiel beim Gedanken an die Wachtürme der ehemaligen DDR. Allerdings kann ein Turm auch positive Assoziationen wecken. Kirchtürme bilden bis heute den Mittelpunkt von Städten und Dörfern. Stoisch in die Höhe ragend ist der Riese sogar ein Wahrzeichen wie der Berliner Fernsehturm oder gerne etwas schräger - der schiefe Turm von Pisa.

Nur schwer lässt sich von einem abgeschirmten oder bewachten Ort aus Kontakt zur Außenwelt herstellen, geschweige denn ein Leben ein freies, grenzenloses Leben führen. Der Turm versinnbildlicht im übertragenen Sinne Probleme mit **Distanz**, emotionaler Unnahbarkeit und **Rückzug** in Beziehungen, z.B. zeigt diese Karte unmittelbar vor einer *Person* an, dass jemand auf Abstand geht oder eine Pause braucht. In Verbindung mit dem *Bären* oder den *Ruten* kann diese Karte auch gerichtliche Prozesse oder Rechtsbeistand anzeigen. Turm und *Sarg* oder *Berg* kann mit „nichts geht mehr" übersetzt werden. Dann ist eine große Krise bzw. absoluter Stillstand angesagt. Daher kündet der Turm im Lenormand im schlimmsten Fall von einer **Trennung**.

Der Turm kann aber auch einen Fluchtpunkt vor den Umklammerungen der dienstlichen Pflichten des Alltags darstellen. Manche suchen deswegen in der Abgeschiedenheit, z.B. hinter Klostermauern, für eine gewisse Zeit innere Einkehr und Ruhe, um den ganz normalen Wahnsinn unserer Zeit ein wenig hinter sich zu lassen. Die Karte des Turmes kann folglich dazu ermahnen **Grenzen** zu setzen oder dazu raten in sich zu gehen, sich weniger einnehmen zu lassen, wofür ein schützendes Refugium wie der Turm auch wiederum gut sein kann.

> Schlüsselworte: Amt und Behörde; Rückzug; Selbständigkeit; Karriere und Aufstieg; Grenzen, Einschränkungen; Trennung; Unterschiede; Krise; Scheitern; Unterdrückung; Kontrolle
>
> Eigenschaften: zurückgezogen, isoliert, einsam, allein, einflussreich, mächtig, stolz, erhaben, dominant, abweisend, egoistisch, selbständig, gegensätzlich, unerfüllt, introvertiert, distanziert, beherrscht

20 Park (Garten)

Der Garten ist ein anderer Himmel mit Sternen aus Blumen!

Persische Volksweisheit

Früher war es üblich und galt sogar als schick, sich in fein säuberlich gestalteten Grünanlagen zum Spazier- und Müßiggang zu verabreden.

In den letzten Jahrhunderten und auch zur Entstehungszeit der Lenormandkarten waren sogenannte Lustgärten in Mode, in denen man seine Freizeit verbrachte und verschiedenen Vergnügungen nachgehen konnte. Mancherorts trafen sich sogar des Nächtens frisch verliebte Paare, um unter oder hinter den Lauben „lustzuwandeln". Auch wenn sie dort nicht gesehen werden durften, weil z.B. ihre Verbindung oder die vorehelichen Liebeleien geheim gehalten werden musste, kommt dem Park als Lenormandkarte eine sehr offizielle Seite zu. Der Park steht für die Bekanntmachung oder **Veröffentlichung**. Im privaten Umfeld kann diese Karte offenbaren, wie wir auftreten und wie wir nach außen leben.

Wenn es um **Medien** und Presse geht, dann interessiert uns im Kartenbild der Park am stärksten. Natürlich können auch geheime Beziehungen und Affären gewollt oder ungewollt bekannt werden. Auch darüber gibt uns dieses Symbol Auskunft.

In erster Linie stellt der Park das **öffentliche Leben** dar. Damit sind alle Orte der heutigen Zeit gemeint, wo man mit Menschen zusammentreffen und Kontakte knüpfen kann, z.B. Partys, Messen, Cafes. Der Park ist sozusagen die Verbindungsstelle zwischen dem Individuum und der Außenwelt und damit der Gegenpol zu seiner Vorgängerkarte, dem Turm.

In Liebesangelegenheiten gibt diese Karte etwas über ein Kennenlernen und dessen Art und Weise preis. Der *Hund* am Park kann z.B. auf das

Bekanntmachen durch einen Freund/Freundin hinweisen. *Buch* und *Fische* gemeinsam am Park deuten auf das Internet als Kontaktbörse hin.

Hinsichtlich beruflicher Fragen steht der Park auch für den **Kundenkreis** und Publikum. Anhand dieser Karte können wir sehen wie es um die Außenwirkung einer bestimmten Tätigkeit bestellt ist.

Schlüsselworte: Öffentlichkeit; Treffen und Verabredungen; Kennenlernen; Termin; Feier, Fest; ein öffentlicher Platz, der durch umliegende Karten genauer beschrieben werden kann; Publikum; Kundenkreis; Medien; Veranstaltung, Versammlung; Außenleben

Eigenschaften: offiziell, offen, aufgeschlossen, zugänglich, gesellig, unternehmungslustig, offenkundig, umgänglich

Besonderheit: Bäumchen-wechsel-dich-Karte

21 Berg

**Wahrhaft weise ist, wer die Kraft zur Höhe in den Muskeln hat
und in seiner Einsicht den Aufstieg ablehnt.
Mit seinem Blick besitzt er alle Berge,
mit seiner Position alle Täler.**

Fernando Pessoa, portugiesischer Schriftsteller

Der Berg ist wohl eine der unbeliebtesten Karten im Lenormand. Den Platz, der ihm dennoch gebührt, nimmt er mit seiner Massivität thronend ein. Seine äußerst mächtige Gestalt weist uns geradewegs zurück, wenn wir nicht mutig genug sind, deren Felsen zu erklimmen.

Im Leben steht der Berg für größere **Hindernisse**, die sich vor uns in den Weg stellen. Dann ist oft enormer **Kraftaufwand** erforderlich um das Ziel nicht aus den Augen zu verlieren und unbeirrt seinem Weg zu folgen. Der Berg kann auch nach einer anderen Herangehensweise verlangen, wenn er an seinem Fuße stehend schier unüberwindbar zu sein scheint. Doch betrachten wir ihn aus der Ferne oder von oben, wirkt er bei Weitem nicht mehr so unpassierbar. Genauso verhält es sich, wenn wir unsere Probleme aus einer gewissen Distanz betrachten.
Das Hindernis wird zur **Herausforderung**. Aufs Leben übertragen heißt das, wir sollten unseren Fokus verändern und die Dinge nicht so negativ sehen. Mit einer lebensbejahenden Einstellung lässt sich **Verdrossenheit** oder **Stillstand** wieder auflösen. Selbst wenn das Hindernis noch so groß sein mag, sollten wir uns nicht entmutigen lassen, selbst Größe zu zeigen. Es braucht tatsächlich eine positive Grundhaltung und couragiertes Handeln, um so manche ausweglos erscheinende Situation zu meistern. Der Berg bedeutet deswegen nicht zwingend, dass etwas nicht funktioniert kann. Er zeigt nur an, an welcher Stelle sich etwas verzögert oder problematisch gestaltet.

Seine Lage ist sehr aussagekräftig. Beispielsweise zeigen die Karten rechts vom Berg, was blockiert bzw. erschwert ist. In Herzensangelegenheiten kann der Berg **Desinteresse**, **Abweisung** oder Kälte signalisieren. Man möge jedoch nicht vergessen, dass der Berg auch die Verhinderung negativer Einflüsse bedeuten kann!

Manche Menschen suchen sich den Berg freiwillig als Konkurrent, den es beim Bergsteigen zu bezwingen gilt. Der Berg ist dann Verbündeter und Gegner zu gleich. Andere Menschen kollidieren im Leben unfreiwillig mit **Rivalen**, mit denen Sie ein Duell zu bestreiten haben. So kann der Berg neben einer *Person* einen solchen auf den Plan rufen.

Diese Karte lässt sich hervorragend kombinieren. Mit dem *Schlüssel* daneben könnte eine Problemlösung offeriert werden. Mit dem *Bären* im Duett bedeutet der Berg unter anderem einen enormen Kraftakt oder große Leistung. Neben den *Blumen* ist er ein Hinweis auf mangelnde Lebensfreude, neben den *Fischen* als Charakterisierung entweder ein Zeichen für Geiz oder Minderwertigkeitskomplexe.

Schlüsselworte: Blockade, Hemmung; Krise, Herausforderung; Widerstand; Überwindung; Zurückhaltung, Furcht, Abwehr; Aufwand; Kälte; Rivalität

Eigenschaften: gehemmt, verdrängt, erfolglos, frustriert, anstrengend, feindlich, kalt, stur, schwer zugänglich, freudlos, furchteinflößend, starr, verhindert

Besonderheit: Karte mit zwei Gesichtern, Karte mit ähnlichen Bedeutungsebenen

22 Wege

Gehe nicht, wohin der Weg führen mag, sondern dorthin, wo kein Weg ist und hinterlasse eine Spur.

Jean Paul, deutscher Schriftsteller

In einer sommerlich grünen Landschaft sieht man eine Gabelung, an der ein Wegkreuz steht. Wohin die Wege führen ist jedoch ungewiss. Die Landschaft wirkt beschaulich und einladend. Wer wanderlustig ist, möchte hier gerne weitergehen und sich noch mehr von dieser friedlichen Idylle ansehen.

Die Symbolik der Wege entspringt einer Zeit, in der es für Handwerksgesellen üblich war drei Jahre auf Wanderschaft zu gehen. Auch heute noch sieht man manchmal in dünn besiedelten Gegenden einen jungen Mann in seiner schwarzen Handwerkstracht über Land ziehen. Er weiß nicht, wohin ihn sein Weg als nächstes führt und ob der neue Meister ihn freundlich aufnehmen wird. Jungen Leuten fehlt es an **Erfahrung**, die man auf seinem Lebensweg erst sammelt. Doch jedes Mal, wenn der Wandergeselle vor einer neuen Wegkreuzung steht, kann er selbst bestimmen, wohin er geht. Damit zeigt die Karte der Wege nicht nur **Entscheidungen** an, sondern auch die **Alternativen**, die damit verbunden sind. Vielleicht sehen wir gar nicht, dass noch mehr zur Wahl steht, als wir zunächst annehmen. Eine Option, die wir nicht in Erwägung gezogen haben, kann unter Umständen sogar die bessere Wahl sein. Dazu müssen wir aber erst mal erkennen, dass es noch andere **Möglichkeiten** gibt, die wir nutzen können. Flexibilität und **Weitblick** sind da gefragt, denn jede Situation verlangt nach einer neuen Entscheidung und keiner weiß was am Ende des Weges auf einen wartet. Wichtig ist dabei nur, das Ziel nicht aus den Augen zu verlieren.

Die Karte der Wege ist eine typische Verbindungskarte, die in ihrer Aussage erst durch die Verknüpfung mit anderen Karten deutlich wird.

Mit den *Wolken* oder dem *Fuchs* zusammen kann man bei dieser Karte von Unentschlossenheit, Irrwegen oder gar falschen Entscheidungen sprechen. Mit dem *Buch* erzählt sie von ungeahnten Möglichkeiten. Mit den *Sternen* zusammen haben wir einen klaren Blick und freie Sicht auf das Nahende.
Manchmal aber dauert es, bis wir dort ankommen, wo wir hin wollten. Der Weg zieht sich. Diese Karte kann daher auch mitteilen, dass etwas noch **Zeit** braucht. Liegt das *Schiff* in der Nähe der Wege kann sogar die Himmelsrichtung der Reise angezeigt werden, je nachdem auf welcher Seite der Wege es positioniert ist.

> Schlüsselworte: Entscheidungen; Alternativen, Wahl; Vorbereitung; Möglichkeit; Richtungswechsel, Wendepunkt; Straße; Verkehr; eine längere Zeit; Erfahrung; Wegkreuzungen; manchmal auch Gleichgültigkeit, Unschlüssigkeit (bei Personen)
>
> Eigenschaften: entschlossen, tolerant, mehrfach, kompromissbereit, vielseitig, weitsichtig, erfahren, lange
>
> Besonderheit: zeitangebende und zeitentbindende Karte, Themenkarte

23 Mäuse

Ist die Katze aus dem Haus, tanzen die Mäuse auf dem Tisch

Die Maus, welche an den Käse gewöhnt ist, lässt nicht davon. [5]

Deutsche Sprichwörter

Gemeinhin waren Mäuse schon immer ungebetene Gäste in Haus und Hof, da man sie früher einzig und allein als Schmarotzer und Seuchenbringer sah. Und tatsächlich konnten Sie für Menschen, Vieh und Futter gefährlich werden. In harmloseren Fällen waren es nur die Speisekammern, die von den kleinen Allesfressern geplündert wurden. Sie nehmen ohne Rücksicht auf Verluste viel weg, hinterlassen Unrat und **Mangel**. So kam es, dass zu Entstehungszeiten des Lenormands die Mäuse stellvertretend für allerlei Verluste, die Not und Seuchen mit sich brachten, den undankbarsten Platz im Kartendeck erhielten. Heute haben wir diesen Tieren gegenüber eine wohlgesonnenere Einstellung, da sie allenfalls noch auf Wiesen und Feldern anzutreffen sind und mitunter sogar als Haustiere gehalten werden. Mäuse sind schon immer nützliche Tierchen gewesen, die Ungeziefer fressen. Und wären sie nicht so niedlich, hätte sich Maus oder Mäuschen als liebevoller Kosenamen wohl kaum so weit verbreitet.

Im Lenormandorakel sind die Mäuse nach traditioneller Bedeutung noch immer die Bösewichte, die etwas auflösen oder gar nicht erst zustande kommen lassen. Die **Verluste** können von noch vermeidbaren **Schäden** bis hin zu totalen **Pleite** reichen. Schauen die Mäuse direkt auf uns als Hauptperson, müssen wir vor allem auf uns selbst achtge-

---

[5] Schönes Ammenmärchen: Mäuse mögen nämlich bis auf eine Sorte keinen Käse, aber mit Speck fängt man Mäuse ;o)

ben, denn **Erschöpfungszustände** oder Verzweiflung könnten uns das Leben schwer machen.

Selbstverständlich gelingt es den Mäusen auch negative Dinge abzuschwächen oder sogar ganz aufzulösen! Auf der Seite, wo die Mäuse „fressen", wird es zu einer Verminderung kommen - egal welcher Art. Häufig steht diese Karte auch für **Ängste, Unzufriedenheit** und **Kummer**. Allerdings nur wer nicht loslassen möchte, kann einen Verlust erleiden. Außerdem sollten wir mit dieser Karte immer darauf achten, was uns im Leben fehlt oder wo notwendigerweise etwas reduziert werden muss.

Schlüsselworte: Verlust, Kummer und Verdruss; Diebstahl; Absage; Unzufriedenheit; Mangel; Ausfall; Angst; Reduktion; Erschöpfung; Niederlage; Resignation

Eigenschaften: verloren, verlassen, sorgenvoll, vergangen, verbraucht, vergeblich, erfolglos, ängstlich, verzweifelt, unzufrieden; manchmal kann die Karte einen Expartner kennzeichnen, wenn sie direkt über oder unter dieser Person liegt

Besonderheit: Karte mit zwei Gesichtern, Karte mit ähnlichen Bedeutungsebenen

24 Herz

Das Herz ist da, immer offen für dich, wenn dir daran liegt, in es hineinzugehen.

Ramana Maharshi, Großer Meister Indiens

Des Liebenden Herz
ist angefüllt mit einem Ozean.
In seinen rollenden Wogen
wiegt sanft sich das All.

Rumi, persischer Mystiker

Schon alleine das Bild spricht für sich. Das große blutrote Herz ist einfach *das* Symbol der **Liebe**. In jedem Lenormand-Set ist diese Karte am auffälligsten gestaltet und im wahrsten Sinne des Wortes das Herzstück des Orakels. Beim ihrem Anblick entstehen **romantische Gefühle, Liebesgedanken** und **tiefe Sehnsucht**.

Das Gemeinsame und Verbindende wird hervorgehoben. Liebe ist, wenn´s passt. Doch wir alle wissen, dass ein Herz auch leiden kann. Mit den *Wolken* wird es enttäuscht, und die *Mäuse* bringen den klassischen Liebeskummer. Erst in Verbindung mit anderen Karten wird diese Karte richtig aussagekräftig und zeigt wie es um das Wohl des Herzens bestellt ist.

Wer sich neu verlieben möchte, achte auf die *Störche* oder das *Kind* neben ihm. Die *Sense* über dem Herzen kann sogar von Liebe auf den ersten Blick sprechen. Wenn die alte Liebe noch nicht rostet, sieht man das am *Baum*, der sich in unmittelbarer Nähe befindet. Auch eine Sandkastenliebe kann damit angedeutet sein. Zusammen mit den *Sternen* ist die Liebe besonders groß.

Nicht zuletzt steht diese Karte auch für alles, was wir mit Leib und Seele machen, worin unser Herzblut steckt. Auch jenseits der Herzensangelegenheiten behält diese Karte ihre kraftvolle, positive Bedeutung. Sie bestärkt und bejaht. Sie bringt **Glück und Erfolg**.

Das Herz in Verbindung mit dem *Sarg* kann sowohl für das Ende einer Liebe als auch für tiefe Liebe stehen, je nachdem was die umliegenden Karten aussagen. Mit dem *Berg* ist die Liebe erkaltet oder unerwidert. Am besten passt das Herz natürlich zum *Mond* und zu den *Blumen*. Bei diesen können Gefühle wachsen. Romantik pur!

> Schlüsselworte: Liebe, Verständnis, Einigkeit, Erfolg; das Gemeinsame und Verbindende; Akzeptanz, Resonanz
>
> Eigenschaften: liebevoll, herzlich, innig, erfolgreich, einig, intensiv, großzügig, großmütig, diplomatisch
>
> Besonderheit: Themenkarte, Bäumchen-wechsel-dich-Karte

25 Ring

Die Liebe gleicht einem Ring, und der Ring hat kein Ende.

Deutsches Sprichwort

Der Ring hat kein Anfang und kein Ende und steht deswegen für die Ewigkeit. Fast alle Menschen wünschen sich eine Liebe zu finden, die unendlich ist. Die Suche danach wird uns heute dank freier Wahl und uneingeschränkten Kommunikationswegen leichter denn je gemacht. Hingegen hat nicht jeder das Glück, die Liebe zu einem bestimmten Menschen ein Leben lang behalten zu dürfen. Eine Liebe, die für immer währt, wird leider immer seltener.

Krönung einer wahrhaftigen Liebe ist traditionell der Bund der Ehe, der durch das Anstecken der Ringe geschlossen wird. Bereits in der Antike und bei den alten Ägyptern kannte man diesen Ritus. Der Ring ist damit seit Jahrtausenden das klassische Symbol einer offiziellen Lebensgemeinschaft. Ringe hatten schon immer eine besondere Bedeutung für die Menschen. So sprach man im Volksglauben davon, dass ein zerbrochener oder verlorener Ring Unheil brächte. Noch heute hüten die Menschen einen Ring gleich welchen Wertes wie ihren Augapfel, weil er immer für eine ganz besondere Verbindung steht. Auch im Lenormand symbolisiert der Ring eine solche Verbindung, ganz gleich ob es die **Ehe** ist oder eine **Partnerschaft** ohne Trauschein. Ob es wirklich hält, erkennen wir an der Lage dieser Karte. *Baum*, *Anker* oder *Haus* festigen eine Bindung. *Mäuse*, *Sarg* oder *Turm* am Ring weisen eher auf eine Trennung oder Beziehungskrise hin. Eine entstehende Partnerschaft wird durch den *Reiter* oder das *Kind* angezeigt. Und nicht immer muss der Ring neben einer Person liegen, um zu signalisieren, dass sie gebunden ist. Liegt er tatsächlich an ihr oder ihm, bedeutet dies viel mehr, dass dieser Mensch sich gerne (mehr) binden möchte!

Nach der modernen Deutung steht der Ring gleichbedeutend für **Verbindungen aller Art**, womit vor allem auch im beruflichen Bereich ein Arbeits- oder Geschäftsvertrag oder eine **Kooperation** gemeint sein kann. Diese Karte wird damit zu einer der wichtigsten im Lenormandorakel.
Nebenbei kann der Ring auch **Wiederholungen** und **Wiederkehrendes** ankündigen oder im Gesundheitlichen etwas Chronisches zu erkennen geben.

> Schlüsselworte: Partnerschaft und Ehe; Verbindungen aller Art; Verträge; Wiederholung; Versprechen, Zyklen; Zusammenarbeit
>
> Eigenschaften: fest, verbindlich, chronisch, gebunden, bindungswillig, verbunden, kontinuierlich
>
> Besonderheit: Themenkarte

26 Buch

In Büchern liegt die Seele aller vergangenen Zeiten.
Thomas Carlyle, schottischer Historiker

Du öffnest die Bücher und sie öffnen dich.
Tschingis Aitmatov, russischer Schriftsteller

Bei dem auf dieser Karte abgebildeten Buch handelt es ich sich wohl um das meist gelesene und älteste Buch der Welt – die Bibel. Der Erfinder der Lenormandkarten hat sich offenbar einiges dabei gedacht immer wieder christliche Symbole in seinen Karten erscheinen zu lassen sowie auch bei den Fische oder den Lilien. So ein dickes, ehrwürdiges Buch zeugt von sehr viel **Wissen**, ganz gleich was dessen Inhalt ist. Wissen setzt immer Bildung voraus. Darum steht diese Karte auch für **Schule, Aus- und Weiterbildung** oder **Studium**. Bei jedem Bildungsweg erwarten uns viele Prüfungen, die uns auf dem Treppchen nach oben immer wieder ein Stück weiterbringen und den Lehrweg, den jeder gehen muss, besiegeln. Die *Sonne* oder die *Blumen* am Buch lassen gute Ergebnisse erwarten.

Im Gegensatz zu der Offenbarung die uns beim Lesen eines Buches zuteil werden soll, will uns das geschlossene Buch (auf den Bildern anderer Decks gibt es auch aufgeschlagene Bücher) Wissen vorenthalten. Hier stehen wir im wahrsten Sinne des Wortes vor einem Buch mit sieben Siegeln. Es hat ein **Geheimnis**. Nur durch die Kombination mit dem *Schlüssel* oder den *Mäusen* wird dieses Geheimnis aufgedeckt oder ein Rätsel gelöst.

Das Wappen auf dem Buchdeckel verrät, dass das Werk aus dem Besitz eines Ordens oder einer königlichen Familie stammen könnte. Zur Entstehungszeit der Lenormandkarten war Wissen noch nicht für jedermann verfügbar. Nur wer einigermaßen wohlhabend war, konnte sich Bildung aneignen. Das Buch steht folglich auch für **Intelligenz** und **Qualifikation**.

Interessant ist auch die Assoziation mit dem **Unbekannten**. Das Buch ist wie das *Schlüsselloch* des Kartenblattes, denn es kann den geheimnisvollen Schleier lüften und zeigen, was noch **im Verborgenen** liegt! Zum einen können dies Entwicklungen oder Begegnungen sein, von denen wir noch nichts ahnen, zum anderen kann uns auch etwas offenbart werden, was bisweilen noch als versteckte Information in unserem **Unterbewusstsein** schlummerte.

> Schlüsselworte: Geheimnis; Unbewusstes; Person an der verschlossenen Seite zeigt, dass jemand noch unbekannt oder geheimnisvoll ist; eine Reihe Dokumente (z.B. eine Akte) oder ein Buch; Studium, Wissen, Schule, Studium; Intelligenz
>
> Eigenschaften: geheim, verborgen, unbewusst, ahnungslos, unterschwellig, mysteriös, intelligent, gebildet, verschwiegen, unbekannt
>
> Besonderheit: Themenkarte

27 Brief

Briefe leben, atmen warm und saugen mutig,
was das bange Herz gebiert.
Was die Lippen kaum zu stammeln wagen,
das gestehen sie ohne Schüchternheit.
Das Herz ist da, immer offen für dich,
wenn dir daran liegt, in es hineinzugehen.
Ramana Maharshi, Großer Meister Indiens

Ach waren das Zeiten, als Briefe noch aufwändig und langatmig, bei wohlwollenden Absichten sogar mit liebevoller Hingabe und glühendem Herzen, im Kerzenlicht von Hand geschrieben und mit einem roten Siegel versehen wurden. Diese stilvolle Lenormandkarte zeigt ein Kuvert auf einem Silbertablett und Spitzendeckchen liegend an den erwartungsvollen Empfänger überbracht. So können stille Worte zu einer **Offenbarung** werden.

Im Zeitalter der Hochgeschwindigkeit ist die Kunst des Briefeschreibens, vor allem die damit verbundene Romantik fast Vergangenheit. Denn für die Anfertigung eines solchen Dokumentes benötigt man Zeit und Muse. Die schnelle und weniger feine Variante in Form von **Fax, Email und Sms** ersetzt heute den guten alten **Brief**. Hoher Aufwand macht sich kaum noch bemerkbar, fast könnte man den **Austausch** zwischen den Menschen als **oberflächlich** und schnelllebig bezeichnen.

Die Botschaft des Briefes kann sowohl Erfreuliches als auch Unangenehmes bedeuten. Während die *Sonne* oder die *Blumen* neben dieser Kommunikationskarte für eine Zusage, ein Angebot oder eine gute Mitteilung stehen, können *Turm* oder die *Wolken* von einem eher schlechten Omen künden. Zusammen mit dem *Kreuz* zeigt der Brief eine bedeutsame mitunter folgen"schwere" Nachricht an.

Mit dem *Fuchs* kann es sich um eine Falschaussage oder ein gefälschtes Dokument handeln.
Im geschäftlichen Sinne symbolisiert der Brief auch einen **Vertrag** oder ein anderweitig **wichtiges Dokument**.

> Schlüsselworte: Geschriebenes aller Art, Brief, Sms, Mail, Fax, Papiere; privater oder geschäftlicher Kontakt; Gespräch, Offenlegung, Offenbarung
>
> Eigenschaften: vorübergehend, mitteilsam, informativ, unterhaltsam, oberflächlich, eilig
>
> Besonderheiten: Kommunikationskarte, Karte mit ähnlichen Bedeutungsebenen

28/29 männliche und weibliche Hauptperson

Mit den Frauen ist die Liebe und mit der Liebe sind die Frauen entstanden, und darum versteht man keins ohne das andere.

Novalis, deutscher Schriftsteller

Wir wollen bei den Frauen der erste sein, sie bei uns die letzte.

Arthur Schnitzler, österreichischer Erzähler

Hinter jedem erfolgreichen Mann steht eine starke Frau.

Deutsches Sprichwort

Diese beiden Karten sind das perfekte Pendant zueinander. Mann und Frau gehören zusammen und sind deswegen in diesem Lenormanddeck wie ein Spiegelbild gezeichnet.
Auch wenn jeder dieser beiden wichtigen Figuren einen eigenen Platz verdient hätte, werden sie hier zusammengefasst dargestellt. In anderen Lenormandsets werden die Beiden auch mit entgegengesetzter oder portraithafter Blickrichtung abgebildet. Jede dieser beiden Hauptkarten ist stets der Ausgangs- und Mittelpunkt der Deutung - vor allem im großen Kartenblatt, welches mit dem ganzen Deck ausgelegt wird. Die männliche Hauptperson steht immer für eine Mann, der um Rat bittet und die weibliche Hauptperson für eine Frau, die etwas erfahren möchte. Die beiden Karten haben keine weiteren Bedeutungen, weil sie für sich bzw. für Sie stehen.

Natürlich haben die Hauptpersonen in den Legungen auch eine enge Beziehung zueinander, indem sie jeweils den (Wunsch-) Partner verkörpern. Da zur Entstehungszeit der Karten noch keiner die Homosexualität berücksichtigte, müssen die Karten einfach an die heutigen Verhältnisse angepasst werden. Ein gleichgeschlechtlicher (Wunsch-)

Partner wird einfach durch die andere Hauptpersonenkarte dargestellt, auch wenn dafür ein wenig mehr Vorstellungskraft notwendig ist. Wem das nicht behagt, kann selbstverständlich auch auf Bär oder Schlange ausweichen. Das Schöne ist, dass wir uns die Karten passend machen können, indem wir sie mit der Zeit gehen lassen.
Wie alle anderen Personenkarten auch, sind Herr und Dame vom Charakter und der Erscheinung nach neutral zu sehen. Erst durch die anderen Karten bekommen die wichtigen Stellvertreter „Farbe“ und „Form“ und fangen an lebendig zu werden und ihre Geschichten zu erzählen.

Schlüsselworte: Stellvertreter(in) für die fragende Person oder eine Beziehungsperson

Eigenschaften: diese Hauptpersonenkarten haben keine Eigenschaften, weil sie nur für die entsprechenden Personen stehen, die selbst fragen oder nach denen gefragt wird

Besonderheit: Personenkarten

30 Lilien

Die Lilie ist auch im Garten des Gottverächters weiß.

Deutsche Volksweisheit

Die Lilie blüht, ich bin die fromme Biene,
Die in der Blätter keuschen Busen sinkt,
Und süßen Tau und milden Honig trinkt,
Doch lebt ihr Glanz, und bleibet ewig grüne
So ist dann selig mein Gemüt - weil meine Lilie blüht!

Clemens Brentano, deutscher Philosoph

Vor allem wegen ihrer auffallenden **Schönheit** und Reinheit wurde die Lilie im kulturellen wie im religiösen Sinne stets verehrt und im Christentum sogar zur Blume der Mutter Gottes auserkoren. Fand die Lilien einst noch ihre Verkörperung als Wappen zahlreicher Königshäuser sowie als Grabschmuck, ist sie in unserer modernen Zeit eher zu einer der beliebtesten Schnittblumen „degradiert". Spätestens seit ihrem Einzug in heimische Wohnzimmer hat sie auch ihre angebetete Unschuld verloren. Gerade im Lenormand wird die Lilie zur Stellvertreterin der **Sexualität**. Die Entstehung dieses „Sexsymbols" erscheint ob ihrer unbefleckten und heiligen Vergangenheit völlig paradox. Folgende Erklärung lässt sich finden. Zu Zeiten von Madame Lenormand wurde in Frankreich den Huren und Diebinnen eine Lilie auf der Schulter als Brandmal gesetzt. Von daher ist es kein Wunder wie die Karte zu ihrer Mehrdeutigkeit kam.

Ein weiteres Merkmal dieser vielseitigen Karte ist aufgrund ihrer adligen Geschichte die Blutslinie oder **Verwandtschaft**. Anders als bei der Karte 4, das Haus, steht die Lilie für die weitläufigen Verwandten. Auch wenn es mit dieser oft alles andere als ausgewogen und wohlwollend einhergeht, illustrieren die Lilie unter anderem **Harmonie**, **Unterstüt-**

zung sowie **Soziales**. Davon abgeleitet können die Lilien im Lenormand auch die Bedingungen im **Arbeitsumfeld** anzeigen.

Die Lilien neben dem *Herz* sprechen für eine innige Liebe und starke Nähe. Zusammen mit dem *Hund* kann diese Karte auf Förderung und Hilfsbereitschaft von außen hindeuten. Lilien und *Schiff* versprechen viel Leidenschaft.

> Schlüsselworte: Sexualität, Genuss, Verführung; Unterstützung, Förderung; Frieden, Ausgleich; die weitläufige Verwandtschaft; das Arbeitsumfeld; Winter
>
> Eigenschaften: erotisch, intim, unterstützend, freundlich, körperlich, ausgleichend, harmonisch, cool, wohltuend
>
> Besonderheit: zeitangebende Karte, Bäumchen-wechsel-dich Karte, Karte mit ähnlichen Bedeutungsebenen

31 Sonne

Das Glück ist wie die Sonne. Ein wenig Schatten muss sein, wenn es dem Menschen wohl werden soll.

Otto Ludwig, deutscher Schriftsteller

Wir können nicht leben, wenn wir die Sonne nicht suchen.

Ludwig Ganghofer, deutscher Autor

Im Zentrum unseres Planetensystems dreht sich im wahrsten Sinne des Wortes alles um sie. Die Sonne ist Lebensspender und **Lebenskraft** pur. Durch Licht und **Wärme** erschafft sie **Energie** und **Wachstum**. Scheint schon frühmorgens die Sonne, sehen wir alle dem Tag viel positiver und gelassener entgegen als bei tristem Grau am Himmel. **Motivation** und **Optimismus** steigen unaufhaltsam, sobald wir die Strahlen auf unserer Haut spüren. Vielleicht geschieht dies auch im Unterbewusstsein, weil wir mit Sonne Urlaub im **Sommer**, **südliche Gefilde** und schöne Erlebnisse assoziieren. Menschen mit einem sonnigen Gemüt werden häufig um ihre Leichtigkeit und ihren Frohsinn beneidet. Doch jeder trägt eine Sonne in sich, am schönsten strahlt sie von innen heraus, wenn wir lachen.

In den Lenormandkarten ist diese Karte eine der Besten. Sie verspricht **Erfolg**, Ruhm, **Glück** und Segen. Mitunter kann die Sonne auch Popularität und **Ansehen** repräsentieren.
Aus der Astrologie kennt jeder sein Sonnenzeichen, das durch den Stand der Sonne im Lauf durch die Tierkreiszeichen bestimm wird. Da die Sonne im astronomischen Sinne ein Stern ist, wird auch von Sternzeichen gesprochen. Gleich was sie nun ist, sie färbt unser Gemüt nicht nur durch ihre scheinbare An- und Abwesenheit, sondern auch durch die astrologische Bedeutung, die sie für viele Menschen hat, die an die Macht der Sterne glauben.

Doch wo Licht ist, fällt auch Schatten. Mit dem *Fuchs*, der ihr entgegenblickt, blendet sie im wahrsten Sinne des Wortes, weil sprichwörtlich der „Schein trügt". Mit den *Wolken* werden unser Willen und unser Glauben auf die Probe gestellt. Mit dem *Baum* zusammen steht sie für ein Leben auf der Sonnenseite, Heilung und Wohlbefinden.

Schlüsselworte: Erfolg, Glück, Erfüllung, Vollendung; Wärme; der Tag; Willenskraft; Bestätigung; Energie, Heilung; Mittelpunkt; Wohlstand; Sommer; Kreativität; Popularität; unsere Persönlichkeit, Ausstrahlung

Eigenschaften: positiv, erfolgreich, warm, willensstark, kraftvoll, energiegeladen, heiter, bereichernd, erfüllend, hell, glücklich

Besonderheit: zeitangebende Karte, Karte mit ähnlichen Bedeutungsebenen

32 Mond

Jeder ist ein_Mond und hat eine dunkle Seite, die er niemandem zeigt.

Mark Twain, US-amerikanischer Schriftsteller

Der Mond ist unser stiller nächtlicher Begleiter, der uns ewig ein Licht in der Dunkelheit gewährt. Als einziger natürlicher Erdsatellit ist er der Herr der Gezeiten und sorgt im wahrsten Sinne des Wortes für das Gleichgewicht der Erde - ein für unseren Planet unverzichtbarer Nachbar. Seit jeher ist er auch ein guter Ratgeber für ein Leben im Einklang mit den natürlichen Kräften. Viele Menschen klagen während Vollmond nicht nur über schlechten Schlaf, auch süchtig machen kann er, eine seiner unangenehmen Nebenwirkungen.

Da der Mond archaisch gesehen das weibliche Selbst darstellt, verkörpert er auch im Lenormandorakel die femininen Eigenschaften, allen voran die **emotionale, sensitive Seite**. Aus der inneren Mitte spricht immer die **Intuition**, das Bauchgefühl. Interessanterweise handeln wir zu 90% aus dem Bauch und dem Unterbewusstsein heraus, auch wenn wir glauben mit dem Verstand zu arbeiten.

Mit dieser Karte finden wir im Lenormand die Auskunft über unser **seelisches Befinden**. Der Mond spiegelt unsere **Gefühlswelt** wider, oft sogar die **dunklen Tiefen der Seele**. Durch den Zyklus des Mondes gilt dieser als wechselhaft, gemeinhin auf das Weibliche übertragen auch als launisch und schwankend. So kommt es, dass diese Karte stärker auf vorübergehende Gefühlszustände eingeht als auf tiefgreifende psychische Vorgänge wie es bei der Karte der Fische der Fall ist. **Gefühle** können sich stets wandeln so wie der Mond am Firmament immer wieder sein Aussehen verändert, hingegen sind seelische Zustände überwiegend fest verankert oder lang andauernde Prozesse.

Angelehnt an die Bedeutung des Mondes in der Astrologie kann er auch im Lenormand **Wünsche und Bedürfnisse** anzeigen und darüber hinaus erklären, was unser Wohlbefinden stärkt oder schwächt. In Verbindung mit dem *Turm* steht er für starke Zurückhaltung oder fehlenden Gefühlsausdruck. Gemeinsam mit den *Sternen* wohnt ein hoher spiritueller Geist in uns und mit den *Wolken* weiß die entsprechende Person nicht was sie will.

Im Arbeitsleben kann der Mond **Anerkennung** und Ehre ausdrücken, zusammen mit der *Sonne* sogar einen Aufstieg verkünden.

Schlüsselworte: Gefühle, Intuition; Wünsche und Bedürfnisse; die Nacht; Beförderung, Anerkennung; das Innenleben, Unterbewusstsein; die dunklen Tiefen in uns (Schattenseiten = Ängste, Sehnsüchte, Verdrängungen, Schwächen)

Eigenschaften: sensibel, gefühlvoll, vertraut, launisch, wechselhaft, empfänglich, intuitiv, mütterlich, innig, dunkel

Besonderheit: Karte mit ähnlichen Bedeutungsebenen

33 Schlüssel

Lerne loszulassen, das ist der Schlüssel zum Glück.
Siddhartha Gautama, Buddha

Jedes Schloss kann man öffnen, mit einem goldenen Schlüssel.
Deutsche Volksweisheit

Auch wenn diese Karte auf den ersten Blick etwas unscheinbar wirkt, hat sie es ganz schön in sich. Denn wer einen Schlüssel besitzt, hat auch eine bestimmte Macht inne. Der Schlüssel eröffnet Zugangsbereiche, die anderen verwehrt bleiben. So braucht es die entscheidenden **Schlüsselqualifikationen** um einen begehrten Job zu ergattern oder die passenden Schlüsselworte um jemanden von sich zu überzeugen und sich damit im wahrsten Sinne des Wortes Türen zu öffnen. Schon früher galt derjenige als mächtig, der dieses Stück Eisen trug vom Wachmann bis zum Schatzmeister. Öffnen, wegsperren, abschließen. Nur wer **Verantwortung** tragen konnte, erhielt diesen machtvollen Gegenstand und konnte damit schalten und walten. Der Schlüssel steht aufgrund seiner Eigenschaften an erster Stelle für **Sicherheit**.

Doch er wird auch unter Lenormandkennern als „**Schlüssel des Erfolges**“ bezeichnet. Er vermag den Eintritt in bislang unerschlossene Bereiche zu gewähren. Da wo sich diese Karte befindet, kommt etwas mit **Gewissheit** oder sie zeigt an, was einem sicher ist. Der Schlüssel ist damit das *Ausrufezeichen* im Kartenblatt – gleich ob es sich um etwas Erfreuliches oder Unangenehmes handelt.

Im menschlichen Sinne steht diese Karte für innere Werte, **Verlässlichkeit** und **Kompetenz**. Neben einer *Person* kann diese auch zur **Schlüsselfigur** in Ihrem Leben werden oder einfach der passende Partner sein.

Schlüsselworte (im wahrsten Sinne des Wortes): Absicherung, Bestätigung, Zusage; Gelingen, Erfolg; Enthüllung; etwas kommt mit Sicherheit; Errungenschaft; Qualifikation und Fähigkeiten; Kompetenz; Verlässlichkeit; etwas öffnen oder abschließen

Eigenschaften: sicher, zuverlässig, aufschlussreich, vielversprechend, vertrauenswürdig, kompetent, passend, sicherheitsorientiert

Besonderheit: zeitentbindende Karte

34 Fische

Das Meer ist salzig wie die Träne,
die Träne ist salzig wie das Meer.
Das Meer und die Träne sind durch die Einsamkeit verwandt.
Das Meer hat sie schon, die Träne sucht sie.
Karl Ferdinand Gutzkow, deutscher Dramatiker

Die Bedeutung dieser Karte enträtselt sich nicht direkt über die Bildsprache des Symbols. Das liegt wohl daran, dass es eigentlich zwei Symbole auf dieser Karte gibt – Fische und Wasser. Das eine ohne das andere macht keinen Sinn, doch ihre Bedeutung ist unterschiedlich. Die Fische stehen überwiegend für **Geld und Finanzen**. Offenbar hat diese Zuordnung einen kulturellen Hintergrund, der aus China stammt, wo Fische als Symbol des Reichtums gelten. Jedoch drückt **Reichtum** sich nicht nur in Materie aus, sondern viel mehr können uns das **Geistige** sowie **ideelle Werte** reich machen.

Gleichwohl hat der Fisch auch bei uns eine hohe Auszeichnung als christliches Erkennungszeichen. Dies führt in den Bereich der **Geisteshaltung**, die ein weiteres Merkmal dieser Karte ist.

An die **Religion** angelehnt, hat das Wasser als Urelement des Lebens, auch im spirituellen Sinne einen hohen Stellenwert. In den Lenormandkarten bezeichnet es die **Seele**. Symbolisch können wir in sie ganz tief eintauchen wie in ein Gewässer. Die Seele hat wie das **Wasser** ebenso keinen Anfang und kein Ende. Sie ist vom Ursprung her rein wie ein kristallklarer Bergsee. Und zugleich lässt sie sich nicht greifen, beinhaltet aber wie große Gewässer unendlich viel Leben. Unter anderem zeigt diese Karte auch **Tränen** an, eben so salzig wie das Meer.

Mit dieser Karte verbunden, kann häufig ein Einblick in die **Psyche** und deren unbewussten Prozesse gewährt werden. Zusammen mit den *Blumen* kann die Seele wieder aufblühen. In Verbindung mit dem *Hund* findet man einen Seelenverwandten.

Die Fische können auch etwas mit der **virtuellen Welt** zu tun haben. So wie die Fische in der Astrologie für Fantasie und Weltflucht stehen, können auch die Fische im Lenormand auf Fiktives und nicht Greifbares hinweisen. Im schlechtesten Fall entsteht aus der Flucht in andere Sphären eine **Sucht**. Fische verbunden mit *Lilien* spiegeln mitunter eine Suchtthematik mit Genussmitteln wider.

> Schlüsselworte: Geld und Finanzen; Seele und Psyche; Psychologie; Gefühle; Tränen; Vermehrung; Wasser; virtuelle Welt, Fiktion; Sucht; der Geist und Geisteshaltung
>
> Eigenschaften: nicht greifbar, seelisch, gefühlvoll, melancholisch, sensitiv, vertiefend, verletzlich, virtuell, irreal, geistig
>
> Besonderheit: Themenkarte, Bäumchen-wechsel-dich-Karte, Karte mit ähnlichen Bedeutungsebenen

35 Anker

An zwei Ankern steht ein Schiff fester als an einem.

Deutsches Sprichwort

Alles wonach wir im Leben suchen sind Anker. In der Familie, in der Partnerschaft, im Beruf, im Glauben und nicht zuletzt auch in uns selbst. Wir wollen äußerlich wie innerlich gefestigt sein und nach guter alter Tradition in unserem Leben eine Basis zu schaffen, um zu wissen wohin wir gehören. Ein Haus bauen, ein Kind zeugen und einen Baum pflanzen – heißt es im Volksmund so schön, seien die ehrenwerten Ziele eines Mannes. Zum Glück besitzt heute jeder die Freiheit solche Maßstäbe über Bord zu werfen, wenn diese mangels Bausparermentalität nicht zusagen. Denn wirklich fest sind nur die Fundamente, die der eigenen **Überzeugung** entspringen und dem **Vertrauen** in ihre **Festigkeit**.

Sowie der Anker für ein Schiff die Lebensversicherung ist, strebt auch der Mensch nach möglichst viel **Halt** und **Sicherheit**, um sich vor allen möglichen Risiken zu schützen.
Ein Heimathafen bedeutet für Seeleute nach langen, stürmischen und gefahrenvollen Zeiten nach Hause zu kehren und wenigstens eine Weile sesshaft zu werden bis zum nächsten Aufbruch ins Ungewisse. Jeder von uns kennt auch für sich einen Heimathafen, den man ansteuert, wenn die Gezeiten des Lebens hohe Wellen schlagen.

Der Anker steht im Lenormand an oberster Stelle für **Arbeit** und den **Beruf**, mitunter der größte Teil unseres Lebensinhaltes. Liegt der *Baum* dabei, brauchen wir uns um die Sicherheit des Jobs keine Sorgen zu machen, der *Mond* nebenan bringt Anerkennung oder lässt auf eine psychologische oder menschennahe Tätigkeit schließen.

Mit einer Partnerschaft verhält es sich wie mit einem Schiff, das ausläuft, die Weltmeere umsegelt und wieder vor Anker geht. Für den Aufbruch in eine neue Lebensgemeinschaft müssen wir vorab viel alten Ballast abwerfen und für ein haltbares Fundament sorgen. Für ihr Fortbestehen müssen wir sie immer wieder auf Vordermann bringen und klar Schiff machen. Für die richtige Steuerung durch alle Gezeiten brauchen wir hohen Einsatz, gemeinsame Ziele und einen verlässlichen Kompass. Jedoch ist das Allerwichtigste der Anker, der in einer guten Beziehung das sichere Gefühl gibt, angekommen zu sein, ganz gleich wo man sich befindet.

Schlüsselworte: Arbeit und Beruf; Stabilität, Sicherheit; Ziel; Vereinbarung; Verantwortung; in der Liebe: Erwiderung und Rückkehr, Festhalten

Eigenschaften: klammernd, beharrlich, stabil, fest, fleißig, ehrgeizig, verlässlich, glaubhaft

Besonderheit: Themenkarte

36 Kreuz

Das Kreuz ist des Glaubens Probe.

Deutsches Sprichwort

Wohl eines der ältesten Symbole der Menschheit ist das Kreuz. Seine senkrechte Achse bezeichnet die Erde, seine waagrechte den Himmel. Aus beiden wird eine Einheit geschaffen – im ganzheitlichen Sinne könnte man das Kreuz als Sinnbild für das uralte hermetische Gesetz „wie oben so unten" sehen. Denn auch der Kosmos ist eine geordnete Einheit. Zwischen allem besteht eine Analogie, ein Zusammenhang und ein Sinn. Das Kreuz steht daher auch nicht für den reinen Zufall, sondern für das **Schicksal**. Anders ausgedrückt: Es fällt einem nicht willkürlich etwas zu sondern aus Bestimmung. Die Dinge geschehen nicht nur, weil sie einfach geschehen wollen, sondern weil sie es sollen, was den Zufall als solches erst sinnvoll macht. Hier kommt nicht unberechtigt die Frage nach **Karma** und Reinkarnation ins Spiel.

Das Kreuz ist zu vorderst als Zeichen der Passion Christi verbreitet und symbolisiert im religiösen Sinne die Beziehung zwischen Gott und Mensch. Diese drückt sich am stärksten im **Glauben** aus. Durch den Glauben kann man vor allem sein eigenes Kreuz leichter tragen.

Das Kreuz im Lenormand zeigt an, was unausweichlich oder für unseren weiteren Weg von Bedeutung ist. Es steht im wahrsten Sinne des Wortes für die Kreuzungen des Lebens, womit zum einen die **Bürden** und **Aufgaben** gemeint sind, die es uns auferlegt, zum anderen aber auch die Wegkreuze, die unseren bisherig eingeschlagenen Lebensweg in andere Richtung weisen können.

Das Kreuz wird dadurch zu einer sehr bedeutungsvollen Karte. Wie wir unser Schicksal und die Herausforderungen des Lebens meistern, entscheidet allerdings jeder Mensch für sich. Manchmal kann dabei Rat von außen helfen – so auch mittels der symbolhaften Botschaften des Lenormandorakels.

Schlüsselworte: Schicksal, Fügung, Karma, (Lebens-) Aufgabe; Belastung; Religion, Glaube
Die Bedeutungen anderer Karten werden dadurch noch mehr hervorgehoben ⇨ Das Kreuz ist immer ein *Verstärker* im Kartenbild. Es markiert auch, was als Aufgabe gelöst werden muss.

Eigenschaften: schicksalhaft, karmisch, unausweichlich, belastend, religiös, wahrhaftig, bedeutungsvoll, absolut

Besonderheit: zeitentbindende Karte

2. Botenkarten

Reiter

Schiff

Störche

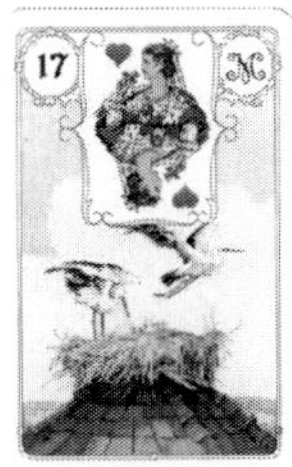

Diese Karten können stehen für: „...bringt...“, sie kündigen also etwas an. So kann z.B. der Reiter einen Arbeitsvertrag oder eine Verabredung bringen, wenn die entsprechenden Karten links von ihm zu liegen kommen. Natürlich können die Botenkarten auch Überbringer negativer Dinge sein.

Achtung: Das Schiff braucht für die „Überbringung“ mehr Zeit als der Reiter, weil es länger unterwegs ist! Und auch die Störche haben es nicht ganz so eilig wie der Reiter. (siehe zeitangebende Karten Kapitel 10).

Das was kommt, liegt **in der Bewegungsrichtung** des Symbols, also Fahrtrichtung des Schiffes oder Wegrichtung des Reiters. Eine Möglichkeit bei Verwendung verschiedener Decks, die Richtung des Boten zu bestimmen, besteht darin, beim jeweiligen Deck immer der Bewegungsrichtung dieser drei Karten zu folgen. Bei den Störchen ist das nicht auf jedem Kartendeck so leicht wie auf diesem (Blaue Eule/Königsfurt-Urania Verlag) zu erkennen, in welche Richtung sie fliegen. Alternativ können Sie deswegen auch unabhängig vom verwendeten Deck eine bestimmte Richtung Ihrer Wahl „programmieren“, indem Sie diese für Ihre Auslagen dauerhaft festlegen: z.B. alles, was die Störche überbringen liegt immer rechts von dieser Karte. Damit sind die Karten neben dem Boten nicht mehr von der Bewegungsrichtung des Symbols abhängig, sondern sie liegen einfach immer entweder links oder rechts davon, je nachdem, was Sie für sich bestimmt haben. Jeder sollte für sich entscheiden, welche der beiden Methoden ihm lieber ist.

Neben ihrer Bedeutung als Überbringer behalten diese Karten natürlich weiterhin ihre ursprünglichen Bedeutungen, vor allem immer dann, wenn Karten auf der anderen Seite zu liegen kommen. Außerdem gibt es noch eine Regel in Bezug auf die Karten mit zwei Gesichtern zu beachten (siehe Kapitel 12).

Praxistipp: Die Karten sind für Ihren persönlichen Erfahrungsschatz programmierbar! Das heißt, Sie können Ihren Karten stets eigene, neue Bedeutungen zuordnen, die dauerhaft gültig bleiben! Die Karten bekommen dadurch Ihren ganz persönlichen Stempel entsprechend Ihrer eigenen Erfahrungen, die Sie bei den Deutungen im Laufe der Zeit machen. Die Grundbedeutungen behalten die Karten jedoch immer bei.
↳ Der bewusste Gedanke, dass eine bestimmte Karte die zusätzliche Bedeutung "..." haben soll, reicht gänzlich aus, um sie mit diesem neuen Merkmal dauerhaft auszustatten.
Das ist Ihre kreative und intuitive Freiheit!

3. Kommunikationskarten

Hierbei handelt es sich um die vier Karten, die Kontakte und Gespräche in irgendeiner Form anzeigen. Neben dem Charakter als Kommunikationskarten, haben diese Karten natürlich auch noch weitere Funktionen und Bedeutungen.

Reiter

steht für Mitteilungen aller Art, meist aber *Gesprochenes*

(⇨ in Rittrichtung ist er allerdings eine Botenkarte)

Ruten

ernsthaftere Gespräche, Diskussionen und Verhandlungen, Besprechung und Beratung

Brief

meist etwas *Geschriebenes,* eine Email oder ein Brief; der übliche Austausch und jede Art von Unterhaltung

Eulen

im Bereich der Kommunikation ein Telefonat (besonders in Verbindung mit einer der anderen Kommunikationskarten)

In der Geschichte der Menschheit hat jede Hochkultur Orakel hervorgebracht. Wussten Sie, dass die ersten Spielkarten, die heimlich zu Orakelzwecken verwendet wurden, in Europa bereits im 13. Jahrhundert auftauchten?

4. Personenkarten

Weibliche Hauptperson

Die Ratsuchende selbst *oder* die Herzensdame

Männliche Hauptperson

Der Ratsuchende selbst *oder* der Herzensmann

Bär

ein Mann ohne Zuordnung von bestimmten Merkmalen oder bestimmtem Alter

Schlange

eine Frau ohne Zuordnung von bestimmten Merkmalen oder bestimmtem Alter

Diese vier Personenkarten sind am wichtigsten. Während die weibliche und die männliche Hauptperson direkt die Ratsuchende oder den Ratsuchenden oder meist ihren Partner- bzw. Wunschpartner verkörpern, stellen die Figuren Bär und Schlange eine weitere männliche oder weibliche Person dar, die mit dem Anliegen der Ratsuchenden zu tun hat. Die Identifizierung jener Personen ist davon abhängig nach wem oder was gefragt wurde. Leider stehen eben auf den Karten keine Namen, so dass es nicht immer eindeutig zu bestimmen ist, um wen es sich genau handelt. Um dieses Rätsel zumindest in Bezug auf die wichtigsten Beteiligten zu lösen, habe ich eine simple Vorgehensweise entwickelt, welche ich Ihnen auf den folgenden Seiten vorstellen werde. Damit können die Personen, nach welchen unmittelbar gefragt wird, eindeutig zugeordnet werden. Bei den restlichen Personenkarten muss immer wieder neu und individuell erfasst werden, ob sie eine bestimmten Menschen Ihres Lebens darstellen oder ob sie eine andere nicht personenbezogene Bedeutung haben.

Reiter	**Blumen**	**Hund**	**Kind**
Meist (jüngerer) Mann oder eine weitere männliche Person	meist (jüngere) Frau oder eine weitere weibliche Person	Mann *oder* Frau (meistens freundschaftlich)	Kind oder Jugendliche(r) bis 18 Jahre

Beim Thema Liebe und Partnerschaft kommt es häufiger vor, dass es um verschiedene Männer geht, die man in den Karten leicht durcheinanderbringen und dadurch falsch deuten kann, wenn vorher nicht festgelegt wurde, um wen es sich bei der männlichen Hauptperson handeln soll. Deswegen ist es wichtig mit einer Vorgehensweise zu arbeiten, die sicherstellt, dass im Kartenbild immer von der richtigen Beziehungsperson die Rede ist. Da die Bestimmung der Personen zwar wichtig ist, aber nicht zu viel Zeit in Anspruch nehmen sollte, empfehle ich wärmstens diese Vorgehensweise. Damit bleibt für Sie als Kartendeuterin genug Raum sich mit dem Anliegen des Ratsuchenden zu beschäftigen und sich auf wesentliche Punkte der Legung zu konzentrieren.
Mit dieser Zuweisung der betreffenden Menschen in Ihrer Legung lassen sich Verwechslungen und Unsicherheiten in der Personenzuordnung vollständig vermeiden. Ist der Ratsuchende ein Mann gilt natürlich das Gleiche umgekehrt für weibliche Personenkarten.

Die Personenzuordnung bei Liebe und Partnerschaft:

Bei **konkreten personenbezogenen Fragen** zu Liebe und Partnerschaft ist für die Ratsuchende in den Karten die männliche Hauptperson immer der Mann, nach welchem sie sich mit jener Legung gerade erkundigen möchte. Geht es in einer weiteren Legung von ihr um die Frage nach einem anderen Mann, verkörpert die männliche Hauptperson dann denjenigen, der dieses Mal im Zentrum der Frage steht.

Ein Beispiel: Angenommen Sie stellen eine ganz konkrete Frage bezüglich Ihres derzeitigen Partners namens Michael. Sie legen in der kleinen Legung (mehr zu den Legesystemen in Kapitel 14 und weiteren Bänden) die Karte 28 stellvertretend für Michael heraus. Zu einem späteren Zeitpunkt wollen Sie aber erfahren wie das Treffen mit einem anderen Mann namens Peter wird, der Ihnen seit Kurzem den Kopf verdreht hat. Ungeachtet dessen, ob Michael noch immer Ihr Partner ist, kommt wieder die Karte 28 in dieser weiteren Legung jetzt stellvertretend für Peter an den vorgesehenen Platz, da Sie nun gezielt nach ihm fragen wollen.

Stellen Sie sich vor, in der ersten Legung auf Michael, ist der Bär unter den gezogenen Karten aufgetaucht. Sie haben sich bestimmt gewundert, welcher andere Mann das sein könnte, weil zu jenem Zeitpunkt ein weiterer Mann für Sie in Liebesfragen nicht in Frage kam. Mittels der Karten haben Sie aber gezeigt bekommen, dass ein anderer Mann bald Einfluss auf Ihr Beziehungsleben haben wird, indem Sie sich trotz bestehender Partnerschaft in ihn verlieben (was eben passieren kann…). Nehmen wir an, in jener zweiten Legung, in der dieses Mal explizit nach Peter als Hauptperson gefragt wurde, erscheint unter den gezogenen Karten womöglich erneut der Bär. Dieses Mal wird *er* für den Partner Michael stehen, der wegen der ausdrücklichen Frage nach Peter in dem Fall zweitrangig ist und damit in dieser Legung in die Rolle des Bären schlüpfen muss. Den Karten ist es egal, ob Michael ihr eigentlicher Freund und damit partnerschaftlich gesehen die Hauptperson ist, sie richten sich nach der Hauptperson Ihrer Frage!

Die männliche Hauptperson ist also immer gerade der Mann, nach dem in einer bestimmten Legung unmittelbar gefragt wird, unabhängig davon, ob er die Herzensperson ist oder nicht. Der Bär ist damit immer der andere Mann - ob bereits geliebt, eng vertraut, bekannt oder unbekannt spielt dabei für die Personenzuordnung keine

Rolle. Gleiche Vorgehensweise gilt wiederum für die weibliche Hauptperson und die Schlange, wenn Sie einen Mann beraten. Bedenken Sie, dass der Hund nie für Liebespartner/in steht.
Mit dieser Arbeitsweise können Sie sicher sein, dass Sie immer die richtige Person im Bilde haben. Sie müssen nicht lange enträtseln wer wer ist und haben den Kopf frei, um sich auf das Deuten der anderen Karten zu konzentrieren. Ganz besonders bei der großen Tafel, in der es nach fast dem gleichen Prinzip funktioniert (allerdings ohne vorab Karten herauszulegen), wird diese vorherige Fixierung der Beziehungspersonen das Deuten rund um die Beziehungsfragen enorm vereinfachen!

Stellen Sie eine **allgemeine nicht personenbezogene Frage** zum Thema Liebe und Partnerschaft, also ohne die Nennung eines Namens oder die Bezugnahme auf eine bestimmte Person, z.B. „Wie geht es die nächste Zeit in der Liebe weiter?“, gehen Sie bei der Personenzuordnung folgendermaßen vor: In der kleinen Universallegung in Kapitel 14, legen Sie vorab nur sich heraus. Weitere männliche Personen, die dann in Ihren gezogenen Karten auftauchen sollten, *sortieren Sie gedanklich nach Ihrem Herzgefühl* (sofern diese bereits bekannt sind). Erscheint die Karte 28, ist es der Mann, der gerade in Ihrem Herzen an Nr. 1 steht. Taucht der Bär auf, handelt es sich um einen anderen Mann, den Sie - je nach Fall - kennen oder noch nicht kennen. Der **Bär** ist im Falle einer *allgemeinen nicht personenbezogenen Frage* zum Thema Liebe und Partnerschaft **stets ein anderer als der Mann Ihres Herzens**. Im Gegensatz dazu kann bei einer *konkreten personenbezogenen* Frage, der Bär, je nachdem wer im Zentrum der Frage steht, durchaus der Mann des Herzens sein. Erscheinen - gleich welche Art der Fragestellung - weder Karte 28 noch 15, ist der Inhalt der Aussage nicht von personenabhängiger Bedeutung, z.B. weil es weiterhin nur den einen gibt oder in der nächsten Zeit noch kein neuer Mann auftaucht. In derartigen Liebeslegungen können außerdem auch mal nur innere Vorgänge wie gefühlsmäßige Veränderungen, innere Konflikte oder Problempunkte abgebildet sein, wenn diese das Liebesleben jetzt oder bald am stärksten beherrschen.
Die Personenkarten sind also äußerst anpassungsfähig. In jeder neuen Legung können Sie wieder eine andere Person verkörpern. Mit der weiblichen Hauptperson, die für die Fragende selbst steht, funktioniert es ja schon immer genauso!

Wenn das Thema Liebe und Partnerschaft für den Fragenden keine Bedeutung hat oder gezielt nach Beruf bzw. Familie gefragt wird- ohne das Interesse für einen Herzenspartner - übernehmen die Karten 28 oder 29 die Rolle einer anderen wichtigen Bezugsperson des Fragenden! Zum Beispiel ist die männliche Hauptperson dann der Chef der Ratsuchenden oder der Bruder, welcher ihr besonders nahe steht.

Es ist nicht sinnvoll den Personenkarten, die es neben den Hauptpersonenkarten 28 und 29 gibt, von vornherein bestimmte Charaktermerkmale, Aussehen oder Altersangaben zuzuordnen. So liest man in verschiedenen Quellen z.B., dass die Schlange immer eine falsche Frau sei oder der Bär immer ein Mann mit stattlicher Figur und dunklen Haaren oder ein älterer Herr. Aber wo ist unter den wenigen Personenkarten der blonde Mann mittleren Alters, der eine ganz normale Figur hat? Für diesen gibt es dann offensichtlich keine Karte – wie schade! Sie merken schon, die Typisierungen machen keinen Sinn, da sie die Sichtweise zu sehr einschränken. Warum sollte die Schlange eine falsche Frau sein? Handelt es sich tatsächlich um eine falsche Schlange, wird dieses Merkmal durch umliegende Karten wie den Fuchs sichtbar. Die Schlange kann jede Art von Frau darstellen, Schwester, Geliebte, Freundin, Kollegin, Chefin, Nebenbuhlerin etc. Umgekehrt gilt dies auch für den Bären. Lediglich bei Blumen und Reiter kann man von jüngeren Personen ausgehen. Davon abgesehen besitzen auch sie keine vorgegebenen Merkmale und **können** stellvertretend für eine bestimmte Person stehen. Häufig haben die sekundären Personenkarten ihre ursprünglichen, nicht personifizierten Bedeutungen, wie zum Beispiel die Karte 9, die ebenso für eine Einladung, Freude, Kreativität etc stehen kann. Wie bei den Karten Blumen und Reiter sollte man ebenso bei den Karten Schlange, Bär und Kind nicht vergessen, dass auch sie nicht-personenbezogenen Bedeutungen besitzen.
Bei Homosexualität betrachtet man die übrige Hauptpersonenkarte als die Partnerkarte, obgleich sie nicht dem Geschlecht des (Wunsch-) Partners entspricht. Aber dafür sind die Karten wandlungsfähig, genauso wie auch die Karte des Hundes einen männlichen wie weiblichen Freund oder Kollegen verkörpern kann. Würde man direkt auf den Bären oder Schlange ausweichen, läge die weitere Hauptpersonenkarte bedeutungslos herum und wäre nicht einsetzbar – eine Verschwendung bei der ohnehin geringen Anzahl an Karten.

Wussten Sie, dass es über 25 unterschiedliche, kunstvoll gestaltete Lenormand-Kartendecks gibt?

5. Themenkarten

Alle Jobfragen

Geld- und Finanzangelegenheiten (bei öffentlichen o. behördlichen Geldern zusätzlich auf Turm achten!)

Gesundheit, Wohlbefinden, Existenz

Spiritualität

Reise, Auslandstätigkeiten; Projekt

Familie, Umzug, Geschäftseröffnung, Alltag

Liebe und Partnerschaft (Beide Karten sind für diesen Bereich gleich wichtig!)

Schule, Ausbildung, Studium, Weiterbildung

Wichtige Entscheidungen

Diese Karten stehen vor allem in den großen Legungen, die Sie im Aufbaukurs (Band 3) kennen lernen werden, im Mittelpunkt der Deutung. Sie spiegeln jeweils das befragte Thema wider.

Doch auch in der kleinen Universallegung, die in diesem Kurs vorgestellt wird, hat die Themenkarte eine ähnliche Aufgabe. (siehe Kapitel 14). Die hier gezeigten sind die wichtigsten Themenkarten. Daneben kann auch eine andere Karte als Themenkarte fungieren. Nehmen wir z.B. den Hund. Er zeigt allgemein den Bereich Freundschaften an. Mitunter können natürlich auch die Lilien einen Stellenwert als solche Karte haben, wenn es um das Thema Sexualität geht. Der Turm darf als Themenkarte bei juristischen Angelegenheiten für sich stehen. Allerdings können bestimmte Karten keine Themenkarte sein, so z.B. die Mäuse oder die Wolken, weil sie keinen spezifischen Lebensbereich verkörpern.

6. Bäumchen-wechsel-dich-Karten

Diese Karten wechseln entsprechend des Themengebietes ihre Bedeutung. Wenn Sie auf die Liebe legen, haben die folgenden Karten sehr häufig eine andere Entsprechung als im beruflichen Bereich. (Natürlich können z.B. die Fische auch mal die Finanzen in einer Partnerschaft thematisieren und das Herz kann viel mit dem Beruf zu tun haben. Solche natürlichen Überschneidungen außer Acht gelassen, sollen hier die Abweichungen verdeutlicht werden, die diese Karten je nach Lebensbereich in den meisten Fällen haben!) *Prägen Sie sich diese Unterschiede gut ein!* Es ist wichtig, dass Sie diese schnell abrufen können. Im späteren Kombinationstraining können Sie die Unterscheidung der Bedeutungen direkt anwenden.

	Liebe und Partnerschaft	**Beruf**
	Sexualität, Anziehung, körperliche Nähe	Arbeitsbedingungen oder Arbeitsumfeld, Förderung, Unterstützung
	Liebe, Verliebtheit, Zusammengehörigkeit, Nähe	Erfolg, Glück, Liebe zum Beruf, Aufschwung, Einigung

	Auf und Ab der Liebe, Sehnsucht, Hoffnung, Leidenschaft, evtl. eine Fernbeziehung/Urlaubsliebe	Auslandstätigkeiten, Projekte, starke (wirtschaftlich oder finanziell) Schwankungen, Handel
	Seelische Verbindung, Werte einer Beziehung, tiefe Gefühle	Geld und Finanzen, Investitionen
	Erstes Kennenlernen, Unternehmungen, offizieller Status eine Beziehung, gemeinsame Interessen; das Umfeld in einer Partnerschaft, äußere Einflüsse	Öffentlichkeit, Kunden, Publikum, Veranstaltung, Mitarbeiter, Presse, Medien
	Der gemeinsame Alltag, Familie, Zusammenleben	Ein Familienbetrieb oder ein eigenes kleines Geschäft
	Freude, Verliebtheit, schöne Ereignisse, Genuss, Date, Hobby	Anerkennung, Kunst, Kreativität, Verbesserung (der Position, Leistung, Gehalt etc.), Karrierezuwachs

7. Positive und negative Karten

Diese Karten haben *überwiegend* einen positiven oder negativen Kern. Doch jede dieser Karten hat auch eine nicht unbedeutende Kehrseite, so kann der „negative“ Sarg ein Ende bringen, das letztlich gut ist ebenso wie das „positive“ Haus Langeweile und eingefahrene Gewohnheiten anzeigen kann.

Positive Karten: Reiter, Klee, Haus, Baum, Blumen, Kind, Sterne, Störche, Hund, Park, Herz, Lilien, Sonne, Schlüssel, und Anker.

Negative Karten: Wolken, Sarg, Sense, Fuchs, Turm, Berg und Mäuse.

8. Modifikationskarten

Hierbei handelt es sich um die Karten, die sich ihrer Umgebung anpassen können und damit je nach Kontext vom Positiven ins Negative wechseln. Ein Beispiel: Der Brief kann sowohl eine gute als auch eine schlechte Nachricht beinhalten, oder die Schlange kann eine gute Freundin anzeigen, aber in einer anderen Auslage auch für eine unliebsame Konkurrentin stehen.

Zu den Modifikationskarten zählen: Schiff, Schlange, Ruten, Eulen, Bär, Wege, Ring, Buch, Brief, Mond, Fische und Kreuz.

In der kleinen Universallegung wird diese Einteilung der Karten eine wichtige Rolle spielen.

➭ Der Sarg und Turm sind häufig ein klares NEIN im Kartenblatt. Der Schlüssel und die Sonne können ein klares JA bedeuten.

Die Karten sind ein guter Diener aber
ein schlechter Herr.

9. Karten mit ähnlichen Bedeutungsebenen

Die hier gegenübergestellten Karten haben auf bestimmten Bedeutungsebenen starke Parallelen. Sie sollten die feinen Unterschiede beachten, um die Karten nicht miteinander zu verwechseln.

Selbstverständlich enthalten die hier genannten Karten immer ihre weiteren Bedeutungen, die im Kapitel 1 nachzulesen sind.

Mond

Gemütszustand, Gefühle

Emotionale Zustände können sich schnell wandeln wie eine Laune oder Stimmung, und auch Gefühle unterliegen Schwankungen. Sie können sich rasch wieder verfärben (z.B. wie bei Freude, Aufgeregtheit oder Wut).

Fische

Seele, Psyche

Seelische Zustände und innere Prägungen sowie die gesamte psychische Verfassung sind komplex, tiefgründig und verändern sich nur langsam. Deshalb kann die Psyche auch erkranken wie bei einer Sucht.

Störche

Kleinere Veränderung

Es verändert sich *innerhalb* der Sache etwas, z.B. bleibt man im selben Unternehmen, aber wechselt die Position oder man zieht um, bleibt aber im selben Ort.

Eulen

Große Lebensveränderung, Erneuerungen

Es verändert sich etwas Grundlegendes, z.B. wechselt man das Unternehmen oder man zieht weiter weg.

Ruten

Diskussion, Streit, Verhandlung, Beratung Konfliktcharakter!

Reiter oder Brief

Nachrichten, Gespräche, Kontakte, Plausch, Chat Unterhaltungscharakter!

Fische

Barvermögen, Konten, Guthaben „Flüssiges“ Geld

Bär

Materieller Besitz, Hab und Gut Geld, das in festen Werten steckt

Haus

Familie

die einen direkt umgibt, die mit einem zusammenlebt (kann die Herkunftsfamilie sein oder auch die selbst gegründete Familie)

Lilie

Familie im weiteren Sinne, Verwandtschaft

die einen nicht direkt umgibt, nicht mit einem zusammenlebt .

Klee

Kleines Glück oder Glück von kurzer Dauer, Zwischenerfolg

Sonne oder Sterne

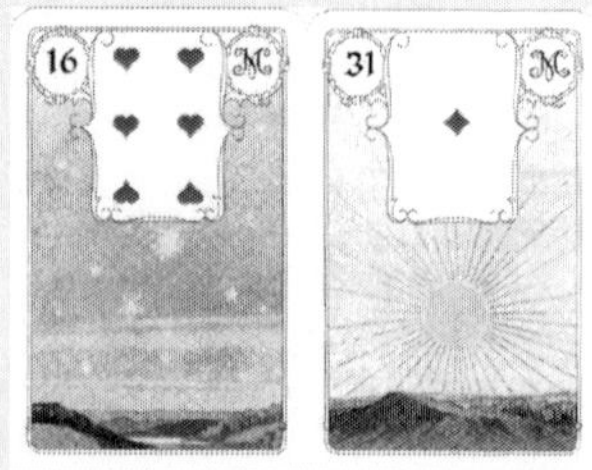

Großes Glück, großer Erfolg, Erfüllung, Zufriedenheit

Mäuse

Sorgen, Angst, Verlust, Unzufriedenheit

Die Mäuse mindern etwas oder bringen es ganz in den Verlust

Sarg oder Berg

Frust, Krise, Resignation, Transformation, Ende, Misserfolg, Unmöglichkeit

Sarg: ein Abschluss bringt tiefe Veränderung, etwas wird dadurch umgeformt. Auch eine Krise oder ein Ende bringen immer Neues hervor.

Berg: verhindert oder verzögert

Basiskurs II

10. Zeitangebende Karten

Sie können in der einschlägigen Literatur zur Kartomantie viele unterschiedliche Zeitbestimmungen zu den Karten finden. Beinahe jeder Kartenleger hat zum Thema „Zeitangaben“ seine ganz eigene Sichtweise. Tatsächlich gibt es Karten im Lenormand, die recht zuverlässige Zeitangaben ermöglichen.

Wie Sie bereits im vorangehenden Kapitel lesen konnten, halte ich generell eine zeitpunktgenaue Fixierung für einen vergeblichen Versuch Schicksal in seinen Einzelheiten planbar zu machen. Nicht in allen Fällen können Geschehnisse *zeitlich* konkret angegeben werden. Bestimmte Karten können allerdings etwas im Voraus datieren. Es handelt sich dabei um ganz besondere Auskünfte, bei denen sich das „universelle Management“ vom Schweigen entbindet und uns teilhaben lässt am geheimen zeitlichen Entwurf konkreter Ereignisse und Entwicklungen bezüglich des Lebens der fragenden Person.

Doch dieses Mysterium der Zeit wird sich nie ganz entschlüsseln lassen. Und ich finde, als menschliches Wesen sollte man es sich nicht anmaßen, die aus gutem Grund verborgenen gebliebenen universellen Gesetzmäßigkeiten durch Kompetenzüberschreitung entweihen zu wollen. Vor diesem Hintergrund werden wir – wie ich bereits in der Einführung erörtert habe – auch nie alles aus dem Kartenbild erfahren, was wir glauben wissen zu dürfen.

Aber nun zurück zu den Zeit datierenden Karten, die es erlauben einen punktuellen Blick auf ein zeitliches Geschehen zu werfen. **Die damit möglichen Angaben umfassen immer Zeiträume und keine Zeitpunkte!** Nur durch intuitives Gespür bekommen wir heraus, ob die Aussage dieser Karten im Einzelfall auf Zeitangaben bezogen ist oder auf eine andere Aussage. Spüren und horchen Sie hinein, was die Karten Ihnen verraten wollen – Kartenlegen ist immer eine experimentelle Erfahrung!

Der Reiter: Als Botenkarte wurde die zeitbestimmende Qualität dieser Karte bereits angedeutet. Der Reiter bringt etwas (Blickrichtung beachten!) mit recht hoher Geschwindigkeit. **Beim Reiter ist von einem Zeitraum von einer Woche, maximal einem Monat auszugehen.**

Der Klee: Dies ist mit Abstand die gewichtigste Zeitkarte. Etwas geschieht **innerhalb** weniger Stunden (2-5) oder 2 Tagen; innerhalb von 2 Wochen oder 2 Monaten. Schlägt die **Sense** in den Klee oder fressen die **Mäuse** dran, dann ist von einem sehr raschen Eintreffen oder Ereignis auszugehen. Galoppiert der **Reiter** in den Klee, dann ereignet sich etwas ebenfalls sehr schnell. Liegt der Klee hinter der **Sense** (auf der Stielseite) oder vermehren die **Mäuse** den Klee, dann ist eher von einer verlängerten Periode auszugehen, also mehrere Wochen oder sogar bis zu 5 Monaten!

Das Schiff: Es steht für einen **Zeitraum von 3 Wochen bis 3 Monaten**. Ich habe auch schon festgestellt, dass etwas bis zu einem dreiviertel Jahr dauern kann bis es überbracht wird (in der großen Legung, die Sie im Aufbaukurs kennenlernen werden, werden auch längerfristige Ausblicke gegeben als dies mit der kleinen Universallegung der Fall ist).

Die Störche: Gewöhnlich brauchen sie recht lange auf ihrer Reise. Als Botenkarte bzw. Zeitkarte ist von einem **Zeitraum von 4 Monaten bis zu einem Jahr** auszugehen.

Die Wege: **Innerhalb von 6 bis 7 Wochen oder 6 bis 7 Monaten**; mit dem Klee zusammen wird der Zeitrahmen auf 3 Wochen bzw. 3 Monate verkürzt. Vorsicht: Die Wege können in einer ganz bestimmten Konstellation auch eine zeitentbindende Karte sein, siehe nächstes Kapitel.

Hinweis: Sowohl die Ruten als auch die Eulen *können* die Zeitangaben verdoppeln, da sie für die Zahl 2 stehen.

Blumen, Sonne, Sense und Lilien: Gelegentlich stehen sie für eine Jahreszeit (siehe Kapitel 1).

Unser Unterbewusstsein speichert alles ab, was wir erleben, hören, denken und fühlen. Es arbeitet unabhängig von Zeit und Raum. Über die Karten schaffen wir uns einen intuitiven Zugang zum grenzenlosen Wissen unseres Unterbewusstseins.

11. Zeitentbindende Karten

Baum **Kreuz** **Wege** **Schlüssel**

Eine Kartenlegung, besonders auch die große Tafel, die Sie im Aufbaukurs, Band3, kennenlernen werden, sollte grundsätzlich keine Tendenz für länger als ein bis eineinhalb Jahre sein. Mit nur 36 Karten können Ereignisse und Entwicklungen auf sehr lange Sicht nur bedingt dargestellt werden. Auch auf die Gefahr hin Sie jetzt komplett zu desillusionieren, aber der konkrete und chronologische Ablauf eines bestimmten Anliegens z.B. eine Beziehung oder einer Karriere kann nicht auf Jahre im Voraus in den Karten stehen! Wäre wirklich alles ganz genau vorherbestimmt, bräuchten wir keinen eigenen, freien Willen! Die Wahl des Weges liegt zum großen Teil bei uns. Allerdings kriegen wir durch die Botschaft der Karten wie auch im Leben selbst immer wieder gezielte Hinweise, wann und auf welche Weise es günstig wäre etwas zu unternehmen, still zu halten oder etwas zu verändern.
Die Karten zeigen stets nur eine Auswahl bestimmter Themen und Entwicklungen unserer (künftigen) Lebenssituation.

Die oben abgebildeten Karten haben die besondere Eigenschaft den vorgegebenen Zeitrahmen der Kartenlegung (z.B. 3-5 Monate) zu entbinden. Sie bedeuten *häufig* eine Zeitverlängerung. Baum, Kreuz, Wege und Schlüssel **können** somit auf das hinweisen, was zeitlich gesehen weit über den von uns festgelegten Zeitrahmen einer Legung relevant sein wird bzw. erst in weiterer Zukunft geschieht. Häufig zeigen sie auch ganz bestimmte **Lebensthemen- und aufgaben** an, die eben nicht nur für einen bestimmten Zeitraum gelten. Damit haben diese Karten eine *Sonderfunktion*, da sie in bestimmten Fällen eine spezielle Aussage über den üblichen Zeitrahmen hinaus treffen können. Diese besondere Botschaft, die wie eine exklusive Vorschau zu sehen ist, soll der Fragestellerin ausnahmsweise schon zum jetzigen Zeitpunkt gezeigt werden.

Die Wege sind zugleich eine zeitangebende und zeitentbindende Karte. Liegen Sie auf der „vermehrenden" Seite der *Mäuse* oder an der Stielseite der *Sense* oder neben dem *Baum* wird die Dauer noch weiter in die Länge gezogen und damit zu einem unbestimmten Faktor. Deswegen gelten die Wege in diesen wenigen Fällen auch als zeitentbindende Karte.

Zum Thema Zeit im Kartenbild:

Es steht niemals und nirgendwo unwiderruflich festgeschrieben, was passieren wird! Wir haben die Möglichkeit unser Leben, unsere Einstellungen, unsere Gedanken zu ändern, was sich immer wieder aufs Neue in den Karten spiegeln wird!
Dinge, die zu einem bestimmten Zeitpunkt noch deutlich im Kartenbild hervortraten, weil sie eine größere Bedeutung für den Fragenden hatten, können bereits eine Weile später durch seine eigene Veränderung völlig in den Hintergrund treten oder sogar gänzlich aus der Legung verschwinden. Die Karten passen sich stets an die aktuelle Situation des Fragenden an.

Das Leben verändert sich, wenn die Person sich verändert – damit bekommen auch die Aussagen der Karten ein neues Gesicht!

Da beim Kartendeuten allzu leicht die Fantasie mit uns durchgeht, ist es wichtig nicht zu viel in ein Kartenblatt hineinzuinterpretieren. In den Karten ist nur das zu sehen, was für die Beantwortung der Fragen wirklich wichtig ist! Unwichtiges oder überflüssige Informationen, die nicht zur Frage gehören, zeigt das Kartenblatt generell nicht an.

Bei einer Suche nach zu vielen Nebensächlichkeiten übersieht man schnell die wirklich wichtigen Punkte und verliert den roten Faden.

Entscheidende Hinweise sind immer deutlich erkennbar, dafür ist keine spezielle „Spurensuche" notwendig. Sie sollten also vom Fokus der Frage nicht zu weit abschweifen und sich nicht zu lange mit Kleinigkeiten aufhalten, die Sie hier und da noch entdecken könnten. Wenn man mit Kartenlegen erst begonnen hat, ist es immer reizvoll auch unbedeutende Informationen auszuteilen, die man am Rande noch erblickt. Doch das ist für den Fragenden oft nur verwirrend und anstrengend, weil er ja eine gezielte Antwort auf seine Frage haben möchte und nicht etwa nach unerheblichen Angaben über sein Leben sucht.

Eine Handvoll fundierte, fokussierte und förderliche Informationen sind wesentlich mehr wert als viele belanglose, spekulative oder ungeordnete Aussagen.

Konzentrieren Sie sich im Kartenbild immer auf das Wesentliche!

Behalten Sie den roten Faden im Auge!

12. Karten mit zwei Gesichtern

Bei bestimmten Karten gibt es für die rechte und die linke Seite unterschiedliche Betrachtungsweisen. Dazu zählen die Wolken, der Fuchs, die Sense, die Mäuse und der Berg. Für die Nachbarkarten auf der einen Seite gibt es eine andere Bedeutung als für die Karten auf der anderen Seite. Dies richtet sich nicht nach rechts oder links, sondern nach der Ausrichtung des Symbols. So achten Sie bei unterschiedlichen Abbildungen der Decks einfach immer darauf, wohin etwas zeigt (außer beim Berg, der positionsmäßig überall gleich ist). Oft sind auf der Karte der Mäuse nicht eine alleine sondern mehrere zusammen abgebildet. In diesem Fall sollten Sie für sich wieder fest programmiert haben, wo bei einem nicht eindeutig ausgerichteten Symbol für Sie die Bedeutung der einen, sowie der anderen Seite liegt (siehe Seite 93/94).
Liegen diese Karten in Kombination mit anderen, sollte auch immer genau auf deren Lage geachtet werden. Als Einzelkarte gezogen (z.B. als 1. Signifikator in der kleinen Universallegung) kommen jedoch alle üblichen Bedeutungsfacetten in Frage, welche diese Karte umfasst (in diesem Falle sind natürlich die zwei Gesichter der Karte irrelevant).
Prägen Sie sich auch die Unterscheidungsweise dieses wichtigen Kapitels gut ein!

Wohin **der Stiel** zeigt:	**Sense**	Wohin **die Spitze** zeigt:
Entwarnung oder keine bestehende Gefahr **oder** auch Gefahr kann abgewendet werden; Manchmal auch die Ernte → was man erzielt		Gefahr, Warnung; in manchen Fällen auch Durchtrennung, „Sense macht einen Schnitt“ Die Sense kann mit der scharfen Spitze auch Schaden anrichten oder einen Schrecken einjagen. Für wen oder was das gilt, sehen wir auch auf dieser Seite.

Hier ist die Unterscheidung notwendig, ob der Fuchs neben einer Personenkarte liegt oder neben einer anderen Karte.

Personen **links** vom Fuchs:	**Fuchs**	Personen **rechts** vom Fuchs:
Eine Person lügt oder betrügt, ist unehrlich		Eine Person hat Zweifel, Misstrauen **oder** ist Opfer eine Lügengeschichte, ihr wird etwas unterstellt **oder** Person ist ehrlich
Andere Karten **links** vom Fuchs:		Andere Karten **rechts** vom Fuchs:
Etwas ist faul oder es läuft etwas falsch		Man kann vertrauen und sicher sein, dass die Sache ehrlich und ernst gemeint ist

Karten **links** von den Mäusen:	**Mäuse**	Karten **rechts** von den Mäusen:
Was in der Reihe links der Mäusen liegt, wird **weniger**; abnehmender Einfluss		Was in der Reihe rechts der Mäusen liegt, wird **mehr**; zunehmender Einfluss

Karten **links** vom Berg:	**Berg**	Karten **rechts** vom Berg:
Die Hindernisse sind bereits geschafft, keine Gefahr durch Blockade → freier Weg, Überwindung von Schwierigkeiten; „über dem Berg“ sein		Hier ist etwas im Weg, wird verzögert oder kann nicht möglich gemacht werden → blockierter oder beschwerlicher Weg, **oder** es wird etwas Schlechtes verhindert z.B. eine Kündigung

Karten auf **heller** Seite:	**Wolken**	Karten auf **dunkler** Seite:
„Abziehendes Gewitter“ → Abschwächung der Probleme, des Kummers usw.; Verbesserung der Situation		„Aufziehendes Gewitter“ → Verstärkung der Probleme, des Kummers usw.; Verschlechterung der Situation

Treffen in einer 2-er Kombi zwei Karten dieser Art zusammen, ist nach meiner Erfahrung immer die Karte stärker, die links liegt. Sie bestimmt die Deutung, z.B. Berg und Mäuse: Der Berg verhindert einen Verlust, weil er zuerst kommt, oder Sense und Wolken: Gefahr einer Hintergehung, weil die Sense mit der Spitze auf die Wolken zeigt. Fuchs und Wolken nebeneinander bedeuten immer Betrug und Lüge, gleich welche Reihenfolge. In allen kleinen Legungen mit lediglich 2-er Kombis sind die Karten mit zwei Gesichtern in Verbindung mit den Botenkarten in der Deutungsweise immer vorrangig, so dass Reiter, Schiff und Störche daneben ihre herkömmlichen Bedeutungen behalten.

Die Magie des Kartenlegens liegt im richtigen Augenblick - erwarte das Unerwartete!

13. Kombinationstraining mit zwei Karten

Versuchen Sie die Aufgaben selbständig zu lösen. Ihre Antworten müssen nicht wortgemäß sondern nur sinngemäß mit meinen übereinstimmen. Sie erfahren mit diesen Übungen, das erlernte Wissen direkt in die Praxis umzusetzen.

Zählen Sie alle Kombinationen auf, die Ihnen zu der Verbindung aus den jeweiligen zwei Karten in den Sinn kommen. Dabei dürfen Sie ruhig kreativ werden, denn es gibt viel Spielraum für neue Möglichkeiten. Es ist es völlig in Ordnung, wenn Sie weniger oder mehr Lösungsvorschläge haben als hier angeboten sind. Sowohl positive wie negative Aussagen sind möglich. Denken Sie besonders an die unterschiedliche Zuordnung bestimmter Karten je nach Themengebiet. Achten Sie besonders auf die Reihenfolge der Karten, da diese in manchen Fällen eine entscheidende Veränderung des Sinngehaltes bewirkt - wie Sie bereits aus den vorangegangenen Kapiteln erfahren haben.

Decken Sie am besten die Lösungsmöglichkeiten mit einem Blatt ab und versuchen Sie ohne Schummeln selbst auf die Antworten zu kommen. Lassen Sie sich ausreichend Zeit! Viel Spaß beim Üben!

a)

Lösungsmöglichkeiten: Ein geheimer Ort oder ein geheimes Treffen; eine geheimnisvolle Begegnung; ein Treffen, von dem man noch nichts weiß; Geheimhaltung vor der Öffentlichkeit; eine Schulung, Seminar oder Kurs; ein Verlag

b) 

Lösungsmöglichkeiten: Arbeitskollege und Arbeitskollegin; Arbeit mit Tieren; regelmäßige Arbeit oder seinem Arbeitsplatz treu bleiben; Halt haben durch einen Freund; Freund oder Freundin, auf die man sich verlassen kann; feste Freundschaften; eine Person, die man über die Arbeit kennt oder kennen lernt; eine starke Erwartungshaltung

c) 

Lösungsmöglichkeiten: seelische Verbindung; innige und gefühlsintensive Beziehung; Tränen wegen einer Beziehung; finanzielle Bindung oder Verpflichtung; Beziehung oder Ehe, in der das Finanzielle im Vordergrund steht; über Beziehungen zu Geld kommen; Finanzvertrag

d)

Lösungsmöglichkeiten: Prozess; Gericht; Ärger und Auseinandersetzung mit einer Behörde; Diskussionen schaffen Distanz und Abweisung; Vorwürfe; Konflikte bringen kein befriedigenden Ergebnis; mit Wut oder Kampf kommt man nicht weiter

e)

Lösungsmöglichkeiten: Achtung – dunkle Seite der Wolken als *Karte mit zwei Gesichtern*, die eine Problematik verstärkt! Die Seele leidet; psychische Probleme; Niedergeschlagenheit bis hin zu Depression; Geldsorgen; finanzielle Hintergehung oder Verschleierung; Unklarheiten in Geldangelegenheiten (Fische sind eine *Bäumchen-wechsel-dich-Karte*, deswegen auf Mehrdeutigkeit achten!)

Lägen die Fische auf der anderen, hellen Seite der Wolken, würden obige Aussagen etwas abgemildert werden. Das Problem oder die Angelegenheit würden sich allmählich verbessern.

f)

Lösungsmöglichkeiten: ein männliches Familienmitglied; ein Mann, der ehrlich und verlässlich oder ein Familienmensch ist; Immobilienbesitz; ein Architekt; Chef eines Familienbetriebes; ein großer Plan; großer Besitz; absolutes Wohlbefinden, festes Vertrauen

g)

Lösungsmöglichkeiten: Achtung – rechte Seite des Berges, die verhindert und verzögert (der Berg ist in Verbindung mit einer *Botenkarte* vorrangig, so dass der Reiter hier seine normale Bedeutung einnimmt)! Eingeschränkte oder blockierte Beweglichkeit; liegengebliebenes Fahrzeug; verhinderte Aktion; Mitteilung wird verzögert oder zurückgehalten; an jungen Mann kommt man derzeit nicht ran; etwas liegt auf Eis; schweres Vorankommen; ausgebremst werden; im wahrsten Sinn des Wortes sind Steine im Weg; abweisendes Verhalten; Frust und Resignation, weil man nicht weiterkommt

h)

Lösungsmöglichkeiten: Achtung - *Mäuse als Karte mit zwei Gesichtern* „fressen" an den Wegen! keine Entscheidungen keine Wahl; Entscheidungslosigkeit; Alternative oder Option zerfällt; positiv: ein langer Weg könnte sich verkürzen, Wartezeit verringern oder auch die durch die Wege bestimmte Zeit (siehe *Zeitkarte*) verkürzt sich; Entscheidung wird einem abgenommen; eine Alternative oder ein bestimmter Weg löst sich auf

i)

Lösungsmöglichkeiten: Achtung – der Fuchs *als Karte mit zwei Gesichtern* schaut in den Baum! Lebenslüge; Sicherheit, in der man sich wähnt, ist in Wirklichkeit keine; Simulieren einer Krankheit; Vortäuschen von Anstand und Moral; Gesundheitszustand überprüfen; Zweifel an Integrität und Aufrichtigkeit; etwas nicht ernst genug nehmen; falsche Tatsachen

Wenn der Fuchs vom Baum wegschauen würde, könnte man hier von absoluter Ehrlichkeit, großer Glaubwürdigkeit oder Echtheit sprechen. So verändert sich die Aussage allein durch die Lage einer einzigen Karte gravierend!

j) 

Lösungsmöglichkeiten: ein intelligentes Kind; ein Kind, von dem man nichts weiß; ein ungeahnter Neuanfang; eine kurze Ausbildung oder ein kleiner Kurs; Wissen, das immer größer wird; Pädagogik, Bildung von Kindern; ein kleines Geheimnis (Kind wird hier entweder als *Personenkarte* behandelt oder es steht für seine anderen Bereiche.)

k) 

Lösungsmöglichkeiten: Der Mond ist eine typische *Bäumchen-wechsel-dich-Karte*, die zum einen den Gefühlsbereich anspricht, zum anderen in Jobfragen für Anerkennung steht. Gefühlsmäßige oder innerliche Zerrissenheit; emotionaler Druck; seelische Konflikte; Gereiztheit oder Impulsivität; Mitteilungsbedürfnis; nächtliche Gespräche; starke Launenhaftigkeit (beide Karten enthalten etwas Wechselhaftes, Zweiseitiges); ernstes Gespräch um Gefühle; erfolgreiche Verhandlung; Anerkennung für einen Vortrag oder eine Verhandlung; positives Feedback; ein Gespräch, das viel Einfühlungsvermögen verlangt

l) 

Lösungsmöglichkeiten: Empfängnis; Veränderungen die Sexualität betreffend; berufliches oder familiäres Umfeld verändert sich (Lilien als *Bäumchen-wechsel-dich-Karte*); freundliche Umgebung (Störche sind hier keine Boten, allerdings ist es für die Deutungsmöglichkeit „kommende Schwangerschaft" egal auf welche Seite die Störche liegen) Übrigens: Kind und Störche zeigen eher eine bereits bestehende Schwangerschaft an, Lilien und Störche hingegen noch eine bevorstehende Empfängnis!)

m) 

Lösungsmöglichkeiten: Besonderheit: Schiff als *Botenkarte* „fährt" in den Turm: etwas bringt Einsamkeit oder Rückzug; etwas kann auf Trennung oder Misslingen hinauslaufen; Behörde oder Amt kommt auf einen zu; mit Einschränkungen ist zu rechnen

Reise innerhalb von Grenzen (Inland); Entwicklung stagniert; Projekt, das mit Selbständigkeit oder einer größeren Firma zu tun hat; Geschäftstätigkeit/Handel ohne Erfolg (Diese Deutungen kommen vorrangig in Frage, wenn das Schiff sich vom Turm wegbewegen würde.)

n) 

Lösungsmöglichkeiten: Glückliche oder friedliche Beendigung; Krise bringt Wachstum, hat etwas Heilsames; Date entfällt oder es gibt erst mal kein gemeinsames Treffen; Einladung wird abgesagt; unangenehme Verabredung; Gesundwerdung; wenig oder gar keine Entfaltungsmöglichkeiten, keine Lebensfreude

o) 

Lösungsmöglichkeiten: Große unausweichliche Veränderungen; schicksalhafter Wendepunkt im Leben; sehr bedeutsames Telefonat; starke Aufregung; belastende Unruhe; totales Chaos; Veränderung wird als Last empfunden

14. Die kleine Universal-Legung

Nun gehen wir direkt in die Praxis der Legungen. Mit Hilfe des folgenden Legesystems lernen Sie kleine Kartenbilder selbst zu deuten. Die kleine Universal-Legung ist einfach aufgebaut. Es wird mit 2-er Kombinationen gearbeitet, die Sie bereits im vorhergehenden Training fleißig üben konnten. Dieses Legesystem eignet sich als Kurzinterpretation einer konkreten Angelegenheit. Bevorstehende Ereignisse und Entwicklungen können damit näher beleuchtet werden. Sie ist als Legung mit maximal 12 Karten die Vorstufe zum großen Blatt, bei dem alle 36 Karten auf einmal aufgelegt und mit komplexeren Deutungstechniken interpretiert werden.

Die kleine Universallegung ist für einen maximalen Zeitraum von drei bis fünf Monaten vorgesehen, das heißt (fast) alle Aussagen des Blattes beziehen sich auf diesen Zeitraum.

Zu berücksichtigen bleibt aber der Faktor X der zeitentbindenden Karten. Sie geben *gelegentlich* den Hinweis auf Themen sein, die mehr Zeit in Anspruch nehmen. Die angesprochenen Aspekte werden folglich erst zu einem späteren Zeitpunkt spruchreif (siehe Kapitel 11).

Fragen an das Orakel können zum Beispiel so aussehen:

„Wie verläuft mein Bewerbungsgespräch?“

„Was erwartet mich an meinem Geburtstag?“

„Wie wird mein Date am Samstagabend?“

„Welches Problem verschweigt mir mein Partner gerade?“

„Wie steht Person X zu mir?“

Wie die kleine Universallegung aussieht:

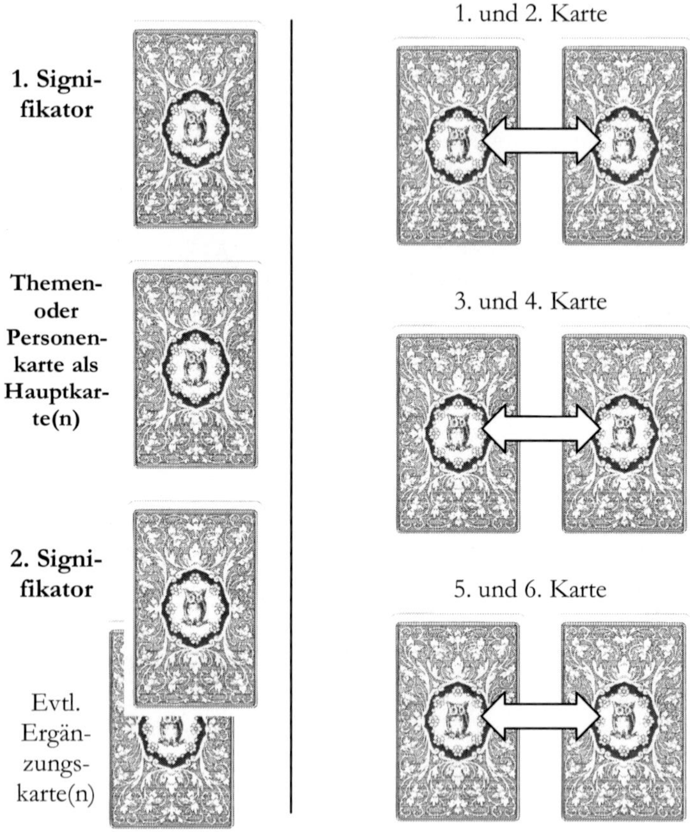

Bevor Sie mit dem Ziehen der Karten beginnen, suchen Sie die Themenkarte, die zu Ihrer Frage passt z.B. der Anker für eine berufliche Angelegenheit oder der Park für ein Event oder ein Treffen. Bei Fragen zu Liebe und Partnerschaft legen Sie entsprechend Kapitel 4 die passende Personenkarte heraus. Der Ring oder das Herz als Themenkarte für Partnerschaft sollte an dieser Stelle besser nicht verwendet werden, weil diese beiden Karten aufgrund ihrer wichtigen Eigenschaften als mögliche Indikatoren im weiteren Verlauf dienen sollen. Im Zweifelsfall ist es immer richtig die eigene Personenkarte auszulegen.

Nach dem gründlichen Mischen der Karten können Sie entweder direkt die obersten Karten der Reihenfolge nach vom Stapel nehmen und sie wie im unteren Muster auslegen, oder Sie fächern die Karten auf, gehen mit der linken Hand (die Herzhand) über die Karten und spüren einfach welche Karte Sie anzieht. So verfahren Sie mit der Ziehung aller weiteren Karten. Welche Art der Ziehung Sie wählen, ist Geschmackssache. Wichtig ist, dass Sie die Karten bei der zweiten Variante noch nicht aufdecken, bevor alle Karten gezogen wurden. Sie könnten sonst durch die Ansicht bestimmter Karten Ihre weitere Ziehung gedanklich beeinflussen und damit das Ergebnis fälschen.
Über der Themenkarte liegt der **1. Signifikator**. Diese Karte ist am wichtigsten. Sie weist die grundsätzliche Richtung und **zeigt damit die Haupttendenz**. Zum Beispiel kann das Date gemäß der weiteren Karten sehr schön werden, wenn jedoch der Turm als 1. Signifikator zu liegen kommt, wird die Entwicklung für die erfragte Liebesangelegenheit in der darauffolgenden Zeit eher unerfreulich sein und die zart geknüpften Bande könnten sogar wieder durchtrennt werden.
Im Gegensatz dazu könnten die weiteren Karten bei einer Frage zu einem geplanten Gespräch mit dem Chef wegen einer neuen Position im Unternehmen auf ein erfolgloses Gespräch hindeuten. Ist jedoch der 1. Signifikator die Sonne, würde über ein fortführendes Gespräch, eine noch ungeahnte Veränderung oder andere Möglichkeiten der Aufstieg in eine andere Position ermöglicht werden. Die Einteilung der Karten in Kapitel 7 und 8 soll Ihnen besonders behilflich sein. Die positiven Karten wie die Sonne im eben genannten Beispiel sprechen für einen guten Ausgang, die negativen Karten eher für einen schlechten. Die Modifikationskarten orientieren sich an der restlichen Legung. Sieht diese eher günstig aus, fällt die Modifikationskarte in den positiven Bereich, im umgekehrten Falle in den negativen Bereich.

Der **2. Signifikator** ist ein weiterer wichtiger Hinweis auf die gesamte Entwicklung. Er ist dennoch nicht so stark zu werten wie der 1.Signifikator. Doch er hilft noch mehr darüber zu erfahren, was die anstehende Situation beeinflusst, **wodurch die Gesamtsituation gestärkt oder geschwächt wird**. Ebenso kann diese Karte mit gewünschter Ergänzungskarte anzeigen, was man berücksichtigen, vermeiden oder einbringen sollte. Dies kann z.B. eine bestimmte Haltung sein, die in der Situation empfehlenswert ist. Bezogen auf die vorhergehende Frage nach dem Gespräch könnte der Bär an dieser Stelle signalisieren, dass man unbedingt Selbstbewusstsein und Stärke zeigen sollte. Die Blumen als 2. Signifikator könnten bedeuten, dass von anderer Seite ein Angebot kommt. Wenn Sie an dieser Stelle mit einer Karte nicht zurechtkommen, dann legen Sie eine Zweite dazu, welche die Aussage konkretisiert. Zum Beispiel würde hier der Fuchs als 2. Signifikator etwas anzeigen, was falsch ist oder falsch läuft. Was könnte das sein? Sie dürfen gerne nach dem Auslegen noch eine weitere Karte ziehen, welche hier die Störche sein könnten. Daraus ergibt sich: Falscher Zeitpunkt für die Angelegenheit (Fuchs und Störche kombiniert zeigen eine „falsche Veränderung", daraus lässt sich der falsche Zeitpunkt für die Angelegenheit ableiten). Nun haben Sie eine konkrete Antwort und wissen, was die Situation oder das Vorhaben entscheidend beeinflusst.

Die weiteren sechs bis maximal acht Karten werden von oben nach unten auf der rechten Seite ausgelegt und gedeutet. **Jeweils zwei Karten auf der rechten Hälfte bilden eine Kombination** bzw. eine Aussage. Hier wird der weitere Verlauf, das Ereignis, das Problem etc. beschrieben. Diese Karten erzählen zusammen eine „kleine Geschichte" und zeigen an, wie es konkret weitergeht. Erscheint es hilfreich zur vollständigen Beantwortung Ihrer Frage noch weitere Karten zu ziehen, können Sie die Legung mit ein bis zwei Abschlusskarten abrunden wie es in der 3. Beispiellegung zu sehen ist.

Versuchen Sie alle Karten in einen schlüssigen Kontext zu bringen, nachdem Sie sie vorher getrennt voneinander gedeutet haben. Erst aus dem **Gesamtbild** ergibt sich eine klare **Gesamtaussage**.

Haben Sie einmal die Antwort auf Ihre Frage erhalten, ist es nicht ratsam auf ein und dieselbe Frage Wiederholungslegungen durchzuführen. Auch wenn die Aussage der Karten nicht Ihren gewünschten Vorstellungen entspricht, sollten Sie die Antwort so stehen lassen und das Ergebnis erstmal abwarten. Der Versuch, mit weiteren Legungen die getroffene Aussage ins Gegenteil zu verkehren, ist zwecklos, weil er nur kurzzeitig Ihre Erwartungen oder Sehnsüchte befriedigt, aber das Ganze nichts mehr mit der realen Geschehnissen zu tun hat.

Akzeptieren Sie das, was Ihnen die Karten spiegeln, denn auch schlechte Aussagen gehören dazu. Nur die Wahrheit bringt uns weiter, selbst wenn wir oft lieber andere Dinge in den Karten sehen würden, weil wir bestimmte Vorstellungen haben. Aber die Karten dienen nicht dazu, unsere Wünsche widerzuspiegeln, sondern sollen eine objektive und wahrheitsgetreue Antwort liefern, die sich als große Hilfe erweisen kann.

Wir sehen in den Karten was *möglich* und was *nicht möglich* ist (siehe Kapitel 1 „Einführung in die Welt der Karten“) Die Karten machen keine kategorischen Aussagen. Es heißt also nicht, dass etwas zwingend so eintreten muss. Damit können die Kartendeutungen immer nur eine **Zukunftstendenz** aufzeigen. Die Botschaft des Orakels ist nie der Weisheit letzter Schluss. Der freie Wille eines jeden Menschen ist das wichtigste Werkzeug, um selbst Einfluss auf die zukünftigen Entwicklungen zu nehmen. Handeln können nur wir selbst. Wir können aus allen Ereignissen, Erfahrungen und schwierigen Lebenssituationen stets das Beste machen. Zeigen die Karten einen besonders schönen Ausgang müssen wir immer noch selbst dafür etwas tun, damit es so kommt. Wenn die Karten einen Reinfall oder ein einen erfolglosen Verlauf anzeigen, sollte uns das keinesfalls abhalten, trotzdem den Weg zu gehen, den wir für richtig halten. Es wäre absolut unsinnig auf Grund einer schlechten Aussage der Karten etwas zu unterlassen, was für Sie wichtig oder notwendig erscheint. Allerdings sollten wir dabei die Hinweise aus dem Kartenblatt im Hinterkopf behalten. Treffen Sie Ihre Entscheidung immer selbst. Auch wenn der Weg mit Steinen gepflastert ist, führt er irgendwann zum Ziel und auch aus Steinen lässt sich bekanntlich etwas Schönes bauen. Rückschläge, Enttäuschungen und Krisen gibt es immer wieder, und sie sind meist unerlässlich für die Selbsterkenntnis, notwendige Richtungswechsel oder persönliche Entwicklungen.

↳ Betrachten Sie die Botschaft der Karten als intuitiven Kompass, der Sie dabei unterstützt Ihren Weg klarer zu erkennen und bewusster zu gehen. Sie können sich damit ein großes Stück weit selbst coachen!

Kartendeuten schult die emotionale Intelligenz
und fördert die Selbsterkenntnis.

15. Beispiellegungen

1. Beispiellegung

Die Ratsuchende möchte wissen, wie das erste Treffen mit einem Mann wird, den sie übers Internet und seit Längerem auch telefonisch kennen gelernt hat. Sie ist sehr gespannt, weil sie dein Eindruck hat, das gegenseitige Interesse ist groß. Es gibt noch einen weiteren Verehrer, den sie bereits länger kennt, aber sich ihm gegenüber nie sicher war, ob sie seine Gefühle erwidern kann. **„Wie wird das Blind Date mit der Internetbekanntschaft?"** Der Park, stellvertretend für das erste Treffen, wird vorher herausgelegt. Alternativ könnten Sie auch die männliche Hauptperson nehmen, da hier nach einem ganz bestimmten Mann gefragt wird.

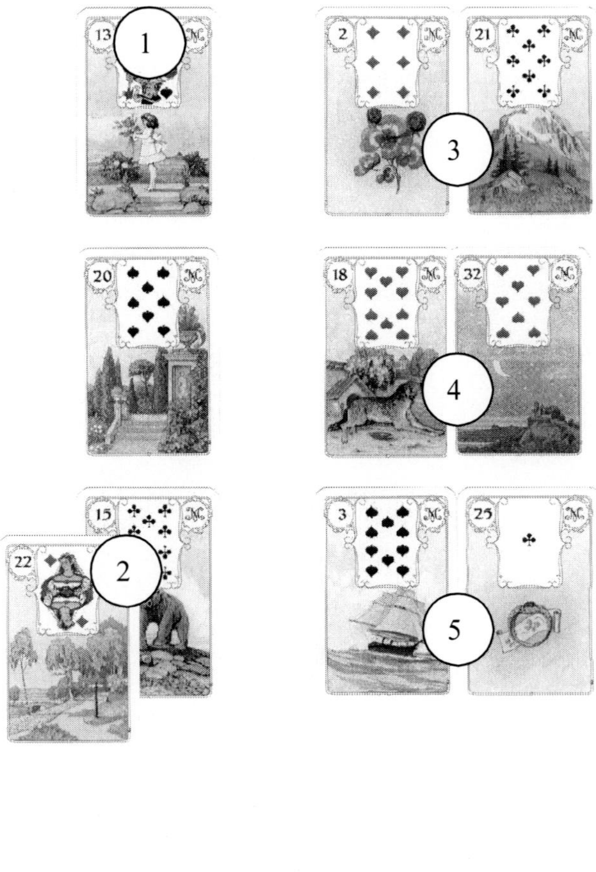

Deutung

1. Mit dem Kind geht es um einen Neuanfang. Ein viel versprechendes Zeichen für das erste Treffen und den weiteren Verlauf.

2. Die Wege bringen eine Entscheidung mit sich, die sich aus dem ersten Treffen ergibt. Der Bär ergänzt diese Karte. Die Entscheidung bezieht sich also auf den anderen Mann, von dem bereits die Rede war. Die Ratsuchende wird durch das Date mit der Internetbekanntschaft herausfinden, wie es um ihre Gefühle zu diesem Bären wirklich bestellt ist und dadurch eine Wahl treffen können.

3. Anfänglich gibt es beim Treffen mit Mr. X eine Blockade, die aber nicht lange andauert. Vielleicht gibt es Anlaufschwierigkeiten und gewisse Hemmschwellen, die sich aber nach kürzester Zeit wohl noch im Verlauf der Verabredung legen werden.

4. Es entsteht erstes Vertrauen und eine sehr persönliche Atmosphäre, welche die beiden einander näher bringt. Es scheint so, als hätte man sich viel zu sagen – auch über nonverbale, gefühlte Kommunikation. Mond und Hund stehen zusammen für Hingabe und Vertrautheit.

5. Die Aussichten sind gut, dass diesem Treffen weitere folgen und über einen ungefähren Zeitraum von 3 Wochen bis 3 Monaten (Schiff als zeitangebende Karte) auch eine Beziehung mit diesem neuen Mann entsteht! Alles deutet darauf hin! Nun erklärt sich auch die Entscheidung bezüglich des anderen Mannes aus Punkt 2.

2. Beispiellegung

In diesem Beispiel möchte die Ratsuchende wissen, wie ein Gespräch mit ihrem Exfreund, den sie immer noch liebt, verlaufen wird. Sie weiß die Situation mit ihm nicht zu deuten und möchte endlich über das ersuchte Gespräch Klarheit finden, um zu wissen wie er wirklich zu ihr steht. Sie haben bei der Trennung keine eindeutige Klärung gefunden und seither immer noch recht regen Kontakt. Sie hofft auf einen Neuanfang mit ihm. Hier wird die männliche Hauptperson vorab herausgelegt. **„Was wird dieses Gespräch mit dem Ex bringen?“**

Deutung

1. Die Sense kann an dieser Stelle mehrdeutig sein. Erst mal wird das Thema immer noch von alten Verletzungen bestimmt. Wenn wir uns den weiteren Verlauf der Legung ansehen, könnte die Sense aber auch eine unerwartete Reaktion anzeigen.

2. Das Haus gibt hier den Rat, ehrlich zu sein und nichts zu verbergen. Dieser zweite Signifikator empfiehlt ihr, offen über ihre Verunsicherung zu sprechen und zu ihren Empfindungen zu stehen, auch auf die Gefahr hin, dass sie nicht mehr erwidert werden.

3. Reiter und Ruten zeigen die Bereitschaft Ihres Exfreundes für ein Gespräch über ihre gemeinsame Situation. Es ist ihm willkommen diese ernsthaft zu klären (Ruten).

4. Die Wolken verstärken die Mäuse, weil sie hier an vorderer Stelle gewichtiger als die Mäuse sind (siehe Kapitel „Karten mit zwei Gesichtern"). Der Verlust bzw. der Unmut über die Situation wird durch das Gespräch noch gravierender.

5. Die Wege mit dem Turm heißen wörtlich übersetzt „getrennte Wege gehen". Das Ergebnis ist also, dass die beiden nicht mehr zusammenfinden. Die Sense steht damit als Überschrift für unerfreulichen Ausgang, weil sie hier die „böse Überraschung" darstellt. Das positive Fazit lautet aber, dass die Ratsuchende endlich Klarheit und Gewissheit findet, abschließen und damit ihren eigenen Weg weitergehen kann. (Die Wege können hier nicht als zeitangebende Karte betrachtet werden, weil der Rest der Legung klar darauf hinweist, dass das Gespräch *unmittelbar* einen Schlussstrich bringt.)

3. Beispiellegung

Bereits längere Zeit erwägen die Ratsuchende und ihr Partner zusammen zu ziehen. Nun haben die Eltern des Partners den beiden das Angebot unterbreitet, in einer frei werdenden, schönen und günstigen Anliegerwohnung in ihrem Haus einzuziehen. Das Verhältnis zur Familie des Partners ist gut. Jedoch fürchtet die Ratsuchende um ihre Privatsphäre, wenn sie direkt unter einem Dach wohnen, und dass sich das harmonische Verhältnis zu den Schwiegereltern in spe und dadurch auch zu ihrem Partner entzweien könnte. **Ihre Frage lautet, was auf sie zukäme, wenn sie dieses Angebot annehmen würden.**

Deutung

Hinweis: Hier wurden am Ende der Legung noch zwei weitere Karten hinzugefügt, um sich eine noch deutlichere Klarheit darüber zu verschaffen, was die Annahme des Wohnungsangebotes zur Folge hat. Das Haus eignet sich hier ideal als Themenkarte.

1. Das Schiff zeigt Bewegung an. Als 1. Indikator passt diese Karte hier auch gut zur Frage, denn das Schiff kann durchaus einen Umzug ankündigen.

2. Der Fragestellerin ist noch nicht klar, dass es sich dabei auch um die richtige Entscheidung handelt. Gleichermaßen drücken die Lilien aus, dass es günstig wäre, die Entscheidung (Wege) zu Gunsten des Angebotes zu fällen (Lilien und Wege wörtlich genommen: eine Entscheidung, die Harmonie bringt).

3. Die Fragestellerin taucht hier zusammen mit der Sonne auf, was sich sehr vorteilhaft für sie und ihr Anliegen darstellt. Sie könnte mit der Entscheidung sehr gut leben.

4. Die Kombination aus Mäusen und Fuchs ist etwas schwerer zu knacken. Hier werden sie ausnahmsweise wörtlich übersetzt, weil diese Deutung in jenem Fall am sinnvollsten ist: Ein Verlust (Mäuse) wäre falsch (Fuchs), d.h. die Entscheidung sollte nicht gegen das Angebot getroffen werden. Diese Aussage steht in Einklang mit Punkt 2.

5. Da die Wohnung mietgünstig ist und beide nicht mehr für zwei eigene Wohnungen aufkommen müssen, würde auch eine finanzielle Stabilisierung eintreten. Anders interpretiert könnte man der Fragestellerin raten, sie solle Vertrauen in die Sache haben und sich seelisch (Fische) darauf einlassen (Anker).

6. Kreuz und Kind geben zum Abschluss einen deutlichen Hinweis auf einen bedeutsamen (Kreuz) Neuanfang (Kind) für das Paar. Es wird für die beiden wichtig sein, diesen Schritt zu gehen, und die geäußerten Bedenken der Fragestellerin werden wohl bald hinfällig sein.

16. Kombinationstraining mit drei Karten

Nun wird der Schwierigkeitsgrad leicht erhöht, indem Sie die 3-er Kombinationen zu deuten lernen. Achten Sie vor allem wieder auf die Besonderheiten bestimmter Karten.

Ziel dieser Übungen ist zum einen die Schulung Ihres intuitiven Verständnisses sowie des erworbenen Wissens, zum anderen die langsame Heranführung an die große Tafel mit 36 Karten, die sie im Aufbaukurs (Band 3) kennenlernen werden. Das intensive Kombinationstraining wird sich für Sie zu jeder Zeit, in der Sie sich mit dem Kartenlegen beschäftigen, als sehr nützlich erweisen.

Bei 3-er Kombinationen ist es im Vergleich zu zwei Karten so, dass sie weniger Bedeutungen umfassen, dafür noch stärker konkretisieren.

Nun geht es los – bringen Sie wieder etwas Zeit und Geduld mit.

a) 

Lösungsmöglichkeiten: ein Arbeitsvertrag kommt bald; immer wieder (Ring: Wiederholung) bekommt man Aufträge (z.B. bei Selbständigen); Der Reiter bringt als Bote feste Arbeit

In der Liebe: eine feste, stabile Beziehung bahnt sich an; Vertrauen und/oder Festigung in eine Bindung bekommen

b) 

Lösungsmöglichkeiten: Umzug, der wohnliche Verbesserung bringt oder Verschönerungsarbeiten an der Wohnung/Haus z.B. Renovierung oder Umgestaltung; ein freudiges Ereignis im privaten Umfeld; Angebot für eine neue Wohnung/Haus; im Privaten kommt es innerhalb von 4 Monaten bis zu einem Jahr zu erfreulichen Ereignissen oder zu einer Verbesserung (Störchen als *Zeitkarte*); die Familie bringt Freude (Störche als *Botenkarte*)

c) 

Lösungsmöglichkeiten: Bedeutet auf keinen Fall etwas Schlechtes!
Es geht etwas zu Ende (was es ist, erfahren wir anhand der Fragestellung oder der umliegenden Karten) und gleichzeitig beginnt aber auch etwas neu zu wachsen; „Neugeburt“, die mit Sicherheit kommt, Abschluss und Neuanfang – Transformation; Neuanfang zu einem jetzt noch unbestimmten Zeitpunkt (Schlüssel als *zeitentbindende Karte* betrachtet)

d)

Lösungsmöglichkeiten: Liebesbrief oder Heiratsantrag; eine Einladung, die von Herzen kommt; Komplimente oder ein Geschenk; liebevolle Gespräche.
Blumen sind eine *Bäumchen-wechsel-dich-Karte*, deswegen darf die berufliche Deutungsvariante nicht fehlen. *Natürlich entscheidet sich in der Praxis immer anhand der Fragestellung, ob eine Deutung auf die Liebe, den Beruf oder auf ein anderes Thema herangezogen wird.*
In beruflichen Dingen: eine höchst erfreuliche Nachricht, die etwas erfolgreich bestätigt oder zu einer Einigung führt; eine Einladung

e)

Lösungsmöglichkeiten: massive Streitigkeiten; Androhungen oder sogar Gefahr von aggressiven Angriffen; Eskalation; verletzende Worte; Schaden durch Gerede (z.B. Rufschädigung); massive Provokation; Warnung vor einer heftigen Auseinandersetzung; Gespräche über eine große Veränderung werden abgebrochen (Sense durchtrennt in diesem Fall Ruten und Eulen). Lägen die Ruten als *Karte mit zwei Gesichtern* hinter den Eulen, würde der Fall ganz anders aussehen: Die Schärfe und Gefahr der Sense fehlt dann gänzlich. Hier würde man etwas ernten, bzw. etwas erzielen z.B. durch eine Auseinandersetzung oder indem man eine „Bombe platzen" lässt, nicht den Mund hält.

f)

Lösungsmöglichkeiten: Dauerhafte Affäre oder eine sehr unbeständige, unruhige Beziehung; eine chaotische Fernbeziehung; im besten Fall: größere Veränderungen im Beziehungsleben, welche es wiederbeleben; Große Veränderungen bringen (Schiff als *Botenkarte*) eine Beziehung hervor

g)

Lösungsmöglichkeiten: ein Mann, der einen schon seit langem liebt oder dessen Liebe aufrichtig und andauernd ist (in selteneren Fällen könnte evtl. durch diese Kombi sichtbar werden, dass ein Mann ein gesundheitliches Problem mit dem Herzen oder Herzkreislauf hat. Dazu müssten aber Karten wie der Sarg in der Nähe des Baumes darauf hinweisen); ein Mann mit einem aufrichtigen Herz, ehrlichen Gefühlen; auch möglich: älterer Mann (wegen Baum), der Liebe empfindet

h)

Lösungsmöglichkeiten: Nichts geht mehr; schlechte oder gar keine Aussichten auf Gelingen; massiver Stillstand (Kreuz verstärkt den Turm); über einen behördlichen Weg kann nichts erreicht werden; ernsthaft in der Klemme stecken; gesundheitlich in schlechter Verfassung, evtl. Hinweis auf Rückenleiden (Turm kann für die Wirbelsäule stehen); Rückzug aus dem bisherigen Leben („Aussteigen" dorthin, wo es einsam ist); Trennung ist besiegelt, ohne Rückkehr; Ressourcen sind sehr knapp, Engpässe; die Kirche (Baum und Turm = feste Institution, Kreuz für Glauben)

An dieser Stelle bemerken Sie die Vielfalt an Interpretationsmöglichkeiten, die in so manchen Kombinationen steckt!

i)

Lösungsmöglichkeiten: großer Erfolg, optimale Ergebnisse (beste Kombi für Erfolg und Erfüllung überhaupt!); Popularität; Ansehen; wunderschöne Erfahrungen; eine grandiose Zeit;

Im Spirituellen: starke Medialität; eine Gabe; intensive Energieübertragung

j)

Lösungsmöglichkeiten: Die Fische sind eine typische *Bäumchen-wechsel-dich-Karte*, die einmal den Finanzbereich und emotionalen Bereich anspricht. Eine ungeahnte Nachricht über Geld; ein Ordner mit Kontoauszügen bzw. Finanzdokumente; eine Brieftasche; Aktien; eine Zahlung, von der man nichts weiß; eine Nachricht über Geld, die mit einer Ausbildung oder Studium zu tun hat (z.B. Bafög)
In der Liebe: eine ungeahnte sehr gefühlvolle Nachricht oder aber auch: jemand traut sich nicht (Buch) seine Gefühle (Fische) mitzuteilen (Brief); Mitteilungen über Chat, über Internetplattformen kommunizieren (Fische können u.a. für die virtuelle Welt stehen)

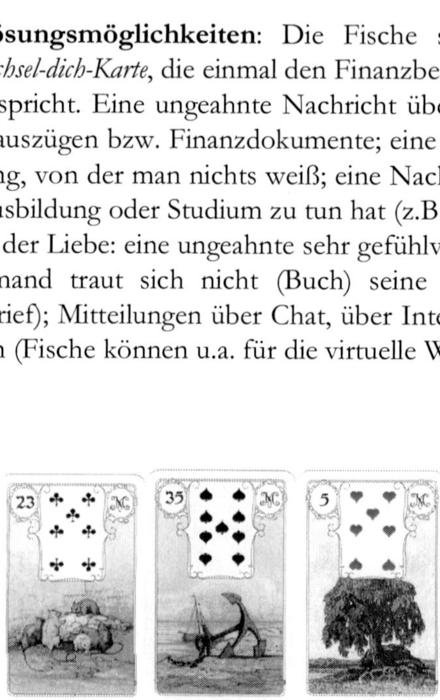

k)

Lösungsmöglichkeiten: Achtung – die Mäuse als *Karte mit zwei Gesichtern* „vermehren" hier Baum und Anker. Die berufliche Lage stabilisiert sich zunehmend; Erhalt des Arbeitsplatzes; gesundheitlich stärker werden; Lebensziele werden einem bewusster; Vertrauen wächst; berufliche Ressourcen/Potentiale nehmen zu; wirtschaftlicher Zuwachs; mehr Arbeit über einen langen Zeitraum (Baum als *zeitentbindende Karte* betrachtet). Lägen die Mäuse hinter dem Baum würde alles Genannte zum Gegenteil führen.

17. Tages- und Wochenlegung

Das Kombinationstraining mit drei Karten war unter anderem dazu förderlich, nun Ihre eigenen kleinen Tages- und Wochenlegungen vorzunehmen. Wenn Sie mit diesen beiden einfachen Legemethoden regelmäßig üben, entwickeln Sie ein ausgeprägtes Gespür für die kombinatorische Deutung der Karten. Wie der Name der Legung schon sagt, können Sie diese zu Ihrem täglichen oder wöchentlichen Ritual machen. Jeden Morgen erhalten Sie mittels dieser schnellen Auslegung einen kurzen Ausblick auf das Tagesgeschehen. Wenn Sie sich für die wöchentliche Variante entscheiden, erhalten Sie einen weiteren Fokus auf bevorstehenden Entwicklungen.

Die Tageslegung

Für die Tageslegung fächern Sie die Karten vor sich auf. Intuitiv ziehen Sie dann zwei oder drei Karten. Versuchen Sie die Karten aus dem Bauch heraus zu interpretieren. Gleichen Sie Ihre Einschätzung mit den Vorhaben an diesem Tage ab. Wozu könnte die Kombination passen? Ist es mehr ein innerer Vorgang, eine Stimmung oder Befindlichkeit, die beschrieben wird oder wird tatsächlich ein äußeres Geschehen als Ereignis, Nachricht, Warnung, Überraschung etc. angekündigt?

Achten Sie darauf sowohl positive als auch negative Aspekte einzubeziehen. Sollten sich eine bestimmte Kombination öfter wiederholen, geht es vielleicht sogar um ein brisanteres Thema, welches Sie mitunter länger beschäftigt als nur an jenen Tagen der Ziehung. Vielleicht künden die auffallenden Wiederholungen von einem sehr wichtigen Ereignis, das demnächst bevorsteht. Offenbar werden Sie darauf bereits einige Tage oder Wochen vorher eingestimmt. Manchmal tritt etwas auch mit Zeitverzögerung ein. Das ist völlig normal. Daran merken Sie auch ganz deutlich, wie relativ der Zeitbegriff der Karten ist. Die Karten lassen es sich oft nicht nehmen - selbst bei genauer Vorgabe eines

geltenden Zeitrahmens - mit der Datierung zu jonglieren. Aus Tagesaspekten kann schon mal eine ganze Wochenvorschau werden.
Sollte Ihnen eine Legung gar nichts sagen, dann ist das auch in Ordnung. **Zwingen Sie sich nie dazu, etwas sehen zu müssen!** Je mehr wir unsere Intuition bemühen wollen, desto mehr entfernen wir uns von ihr.
Nicht immer kann man alles in exakter Weise verstehen, wie die Karten etwas mitteilen wollen. Sie lernen mit der Zeit immer besser die Botschaften rasch zu erfassen. Wenn Sie mit den gezogenen Karten noch nicht viel anzufangen wissen, dann lassen Sie diese einfach bis zum Ende des Tages liegen und beschäftigen sich dann noch einmal damit. Gehen Sie Ihren Tag durch und überlegen Sie worauf sich die Karten beziehen könnten. Sicherlich finden Sie durch diesen Abgleich die passende Verknüpfung mit Ihrer Tages-Kombination. Im Rückblick ist es oft ganz einfach die gezogenen Karten sinnvoll zu erklären. Auf diese Weise lernen Sie außerdem unglaublich viel über die vielfältigen Bedeutungen und vielschichtigen Zusammenhänge in der Kombinatorik. Sie bauen sich Ihren ganz eigenen Erfahrungsschatz auf, der unendlich kostbar wird für Ihre weitere Entwicklung im Kartendeuten!

Die Wochenlegung

Mit der Wochenlegung verfahren Sie ähnlich wie mit der Tageslegung. Am besten legen Sie sich einen wöchentlichen Termin fest, zu dem Sie sich in Ruhe hinsetzen und Ihre persönliche Legung durchführen. Mit der 3-er Kombination kann natürlich nur das wichtigste (äußere oder innere) Ereignis der Woche angezeigt werden. Durch die sehr begrenzte Anzahl der Karten gibt es eine Reduzierung auf das Wesentliche. Das muss vorausschauend wie rückblickend nicht unbedingt genau das sein, was Sie persönlich für am wichtigsten halten. Es kann durchaus ein anderes scheinbar unauffälliges Erlebnis sein, welches von den Karten festgehalten wurde. Oft weiß man erst später, dass es wohl doch eine größere Bedeutung hatte als vorher angenommen. Vergessen Sie auch hier nicht rückwirkend noch mal durchzugehen, was Sie gelegt und gedeutet haben.

Praxistipp: Am besten notieren Sie sich Ihre Ergebnisse in einem kleinen Büchlein, damit sie stets über das Zurückliegende einen Überblick haben. Schreiben Sie sich auch dazu, mit welchem Erlebnis Sie die Karten in Verbindung gebracht haben. Damit führen Sie ein Art Lenormand-Tagebuch in Kurzform. Auf diese Weise können Sie auch ähnliche oder gleiche Kombinationen, die wieder auftreten mit dem dazugehörigen Ereignis vergleichen. Es ist ein Stück Arbeit, die sich aber auf Dauer bezahlt macht und vor allem Ihre intuitive sowie bewusste Wahrnehmung enorm verstärkt!

Wenn Sie schon etwas Übung haben, können Sie auch mit mehr als drei Karten auf die kommende Woche blicken. Zu empfehlen ist entweder wie links abgebildet jeweils eine Reihe aus 3 Karten zu legen (mit maximal drei Reihen), wobei wie bei jeder 3-er Kombination immer von links nach rechts gelesen wird. Oder wie rechts abgebildet können Sie 2-er Kombinationen legen wie Sie sie aus der kleinen Universallegung kennen (auch von links nach rechts zu lesen). Sie entscheiden selbst, welche Variante Ihnen mehr zusagt. Hierbei ist wieder das persönliche Empfinden entscheidend.

Richtig Kartenlegen heißt eine Symbolsprache zu verstehen und sie in eigene Worte mit Wissen und Intuition übersetzen zu können.

18. Die 12 - Monatsvorschau

Wenn Sie einen viel weiteren Blick in die Zukunft wagen wollen, können Sie mit zwölf Gruppen aus jeweils drei Karten eine große Jahreslegung machen. Dies ist selbstverständlich auch während des laufenden Jahres möglich, da die Legung einfach für die nächsten zwölf Monate gelten kann.

Nachdem Sie gut gemischt haben, nehmen Sie immer die drei obersten Karten des Stapels und legen sie an die vorgesehene Stelle des jeweiligen Monats. Im vorletzten Kapitel haben Sie bereits das Deuten von 3-er Kombinationen fleißig geübt. Analog zu der Tages oder Wochenlegung können Sie die Interpretationsweise auch auf die 12 - Monatsvorschau anwenden. Die drei Karten ergeben zusammen pro Monat eine Hauptaussage, welche den Zeitraum am stärksten prägen wird. Auch hier gibt es zwischen den Monaten des Öfteren einen fließenden Übergang. Ein Geschehnis, das beispielsweise für Oktober angezeigt ist, kann sich bereits Ende September abzeichnen oder auch noch Anfang November ereignen.

Nicht immer müssen es äußere Ereignisse sein, die uns am stärksten beschäftigen. Auch eine bedeutsame innere Bewegung oder ein intensives seelisches Empfinden kann in der Monatskombination ihren Ausdruck finden.

Zum Beispiel zeigt Monat März Wege, Sterne und Reiter. Hier kommen Deutungsmöglichkeiten in Frage, die sich auf das Außenleben oder das Innenleben beziehen. Als äußerliches Ereignis ist es möglich, dass Sie spirituell (Sterne) einen neuen Weg beschreiten (Reiter), oder aber eine ganz klare (Sterne) Entscheidung getroffen wird (Wege und Reiter). Jedoch können die drei Karten ebenso gut andeuten, dass Sie innerlich zu einer Entschiedenheit (Sterne und Wege), zu einer klaren Haltung finden (Reiter). Es liegt ganz bei Ihnen welcher Deutung Sie mehr Gewicht beimessen und wo Sie den Schwerpunkt der Deutung sehen (äußerliche oder innerliche Bewegungen).

Eine langfristige Ausschau wie diese sollten Sie immer schriftlich niederlegen, um die Legung nach Ablauf der zwölf Monate oder zum Jahresende noch einmal zu rekapitulieren und ein Fazit zu ziehen. Auch Rückblicke können sehr spannend und lehrreich sein!

Praxistipp: Schreiben Sie bei dieser Legung ruhig alle Interpretationen auf, die Ihnen zu einer 3-er Kombination in den Sinn kommen (wie beim Kombinationstraining), gerade dann wenn Sie sich bei mancher Deutung noch unsicher sind. So können Sie später genau feststellen, was davon zutreffend war. Zudem hilft es, beim Notieren eine Gliederung der Monatsdeutung auf äußerer und auf innerer Ebene vorzunehmen (wie im genannten Beispiel), damit Sie später nachprüfen können, was es mit der Kombination wirklich auf sich hatte.

Usw. bis alle Karten aufgelegt sind.

Anhang

Zum Abschluss

Wenn Sie mit Ihrem Selbststudium an dieser Stelle angekommen sind, können Sie wirklich stolz auf sich sein. Der Basiskurs I und II (Band 1 des Lenormandkarten-Lehrganges) ist nun abgeschlossen. Sie haben die Grundlagen der Kartenlegekunst auf eine kompakte und effiziente Weise erlernt und Ihr neu gewonnenes Wissen anhand vieler Kombinationsübungen festigen können. Das Werkzeug zum Entschlüsseln der geheimen Botschaften der Lenormandkarten gehört nun auch Ihnen.

Damit haben Sie nicht nur die ersten Schritte, sondern bereits viele Meilen auf Ihrem Weg zum professionellen Kartendeuten zurückgelegt. Ab jetzt sammeln Sie auf Ihrer weiteren Reise durch die Welten des Lenormandorakels viele kostbare Schätze: Unbezahlbare Erfahrung, persönliche Erfolgserlebnisse, ergreifende und einmalige Geschichten.

Als gute Kartendeuterin sind Sie eine verantwortungsvolle Schatzmeisterin, die mit dieser Fülle an geistigen Juwelen gewissenhaft und diskret umzugehen weiß. Um Ihrem Ziel eine professionelle Kartendeuterin weiter zu folgen, ist es notwendig, dass Sie regelmäßig am besten sogar täglich mit den Karten üben. Sehr hilfreich und effektiv ist neben Ihrer eigenen Beschäftigung mit den Karten auch **Der Deutungstrainer zum Basiskurs I und II** (2. Band des Lenormandkarten-Lehrganges). Der ergänzende Übungskurs ist rein auf die Praxis ausgelegt. Er beinhaltet mit der umfangreichen Entschlüsselung vieler Kartenkombinationen und Fallbeispiele ein intensives Training, das Ihre intuitive und selbstsichere Herangehensweise stärkt und Ihnen clevere Deutungsmöglichkeiten an die Hand gibt. Sie werden mit diesem kompakten Deutungstrainer weitere große Fortschritte machen. Zwei neue Legesysteme runden den Praxiskurs ab.

Voraussichtlich wird im Winter 2010/11 der **Aufbaukurs** (3. Band des Lenormandkarten-Lehrganges) erscheinen, in dem Sie mit allen Deutungsmethoden des großen Blattes vertraut gemacht werden. Weitere Bände sind in Planung.

Hier ist eine weitere Übungsmöglichkeit für Kombinationen:
Unter *http://www.astrologie.de/forum/nur-zum-lesen-professionelle-deutung-der-lenormand-f43/*
finden Sie im Internet meinen eigenen Forenbereich, in dem wöchentlich neue Kombinationen auf dieselbe Weise wie in meinen Büchern vorgestellt werden. Eine ideale Ergänzung für meine LeserInnen, um weiter am Ball zu bleiben und neue Anregungen für die Deutungen zu erhalten.

Ich wünsche Ihnen viel Erfolg, Freude und Sonnenschein auf Ihrer Reise durch die spannende Welt des Lenormandorakels!

Die Autorin

Bereits seit ihrer Kindheit hat die Autorin ein ausgeprägtes Interesse an Mystik, Astrologie, Psychologie und Übersinnlichem. In zwei Fällen kam es sogar vor, dass sie damals als Kind - noch nichtsahnend was eine innere Stimme alles mitzuteilen vermag - ihrer Mutter und sich durch eine intuitive Reaktion das Leben rettete. Doch während ihrer Schulzeit verdrängte sie zunehmend den Draht nach oben. Ohne auf ihr Innerstes zu hören, schlug sie erst eine ganz konventionelle Laufbahn ein, absolvierte eine Banklehre und arbeitete vor ihrem BWL Studium als Teamassistentin in größeren Konzernen. Doch die Astrologie und das Tarot hörte sie auch während dieser Zeit nie auf zu erforschen. Etwas Suchendes in ihr zog sie immer wieder weg von der materiellen Welt in eine andere Richtung. Erst nach längeren Umwegen folgte sie ihrem Ruf den spirituellen Weg zu beschreiten und diesen auch zu ihrer beruflichen Hauptbeschäftigung zu machen. Verschiedene schicksalhafte Begegnungen mit Menschen, durch die sie entdecken durfte welches Potential in ihr schlummert, führten Kathleen Bergmann zu ihrer Bestimmung Astrologin zu werden. Neben der Tätigkeit als Lebensberaterin schrieb sie die letzten Jahre begleitend Fachbeiträge über Astrologie und Kartendeutung und gab für Radiosender sogar über die Landesgrenzen hinaus regelmäßig Interviews über Promihoroskope sowie eine astrologische Wochenvorschau. Vor einigen Jahren entdeckte sie ihre Gabe für das Lesen der Lenormandkarten und fand schnell und intuitiv einen Zugang zu den Legungen. Die Botschaft dieser Karten zu entschlüsseln und aus ihnen Antworten auf wichtige Lebensfragen zu finden, faszinierte und überzeugte sie immer stärker. Nach weiteren Seminaren und Studien auf dem Gebiet der Kartomantie zieht sie das Lenormand seit jeher in ihren Lebensberatungen immer zu Rate. Ihr Wissen und ihre Erfahrungen mit der Kartomantie gibt sie nicht nur in ihren Büchern sondern auch in Kursen für Anfänger und Fortgeschrittene weiter.

Weitere Bücher und Kurse der Autorin

Der Lenormandkarten-Lehrgang, Deutungstrainer, Der Praxiskurs zum Üben von Kombination und Legung, Band 2
Shakermedia-Verlag, ISBN 978-3-86858-560-5,
erschienen Mai 2010

Der Lenormandkarten-Lehrgang, Aufbaukurs
Anleitung zur Deutung des großen Kartenblattes, Band 3
voraussichtliches Erscheinen Winter 2010/11
(genaue Ankündigung auf der Webseite der Autorin)

Weitere Bände sind in Planung.

Die Autorin gibt Lenormandkurse, in denen Sie Ihr Wissen vertiefen und ausbauen können. Da das Coaching individuell auf den Lernenden zugeschnitten wird, finden nur Einzelkurse statt, persönlich oder telefonisch. Auch für Beratungen in persönlichen Lebensfragen steht Ihnen Kathleen Bergmann mit den Karten sowie der Astrologie gerne zur Verfügung. Weitere Informationen und Kontaktdaten finden Sie unter **www.reichdersterne.de**

KÖNIGSFURT
URANIA

Lenormand

Mystisches Lenormand
Fiechter, Regula Elizabeth / Trösch, Urban
36 Karten, 57 x 89 mm
ISBN 978-3-03819-041-7

Mystisches Lenormand - Lernkarten
Fiechter, Regula Elizabeth
36 Lernkarten + 11 Anleitungskarten = 47 Karten, 95 x 140 mm
ISBN 978-3-86826-701-3

Lenormand - Blaue Eule
Lenormandkarten mit Karten-abbildungen
36 Karten, 56 x 87 mm
ISBN 978-3-905017-03-8

Lenormand Orakelkarten mit Versen
36 Karten, 53 x 85 mm
ISBN 978-3-89875-779-9

www.koenigsfurt-urania.com
Wir unterstützen den Ersten Deutschen Tarotverband (Tarot e. V.): www.tarotverband.de